MICHAEL BEHRENDT
Die arabische Gefahr

Michael Behrendt

DIE ARABISCHE GEFAHR

Wie kriminelle Familienclans
unsere Sicherheit bedrohen

LÜBBE

*Zum Schutz der Persönlichkeitsrechte wurden
einige Namen abgekürzt, einige verfremdet.*

Dieser Titel ist auch als E-Book erschienen

Originalausgabe
Copyright © 2019 by Bastei Lübbe AG, Köln
Umschlaggestaltung: Massimo Peter-Bille
Einband-/Umschlagmotiv: © shutterstock: Guenter Albers | phoelixDE
Satz: hanseatenSatz-bremen, Bremen
Gesetzt aus der Stempel Garamond
Druck und Verarbeitung: GGP Media GmbH, Pößneck

Printed in Germany
ISBN 978-3-7857-2661-7

5 4 3 2 1

Sie finden uns im Internet unter: www.luebbe.de
Bitte beachten Sie auch: www.lesejury.de

Inhalt

Die Stadt der vielen Gesichter

Berlin zieht Menschen aus aller Welt an. Die Stadt, die friedlich eine bewaffnete Mauer einriss. Die Stadt, in der viele Nationen zusammenleben – ein Inbegriff für Multikulti. Die Stadt, in der man auch nachts noch ein Edelrestaurant findet, das geöffnet hat, oder zur Currywurst am Stand ein Glas Champagner genießen kann. Da gibt es den Kurfürstendamm, die Prachtstraße, Symbol des reichen Lebens in der Hauptstadt der Bundesrepublik Deutschland: Rolex neben Gucci, ausgelassenes Barleben neben schicken Luxushotels.

Viele Unbeteiligte und Touristen, die die deutsche Hauptstadt besuchen, wissen nicht, dass in Berlin gewissermaßen ein Krieg tobt. Ein Krieg der Sicherheitsbehörden gegen kriminelle arabische Clan-Strukturen. Oder besser gesagt, sie wussten es wahrscheinlich bisher nicht. Denn seit geraumer Zeit findet sich dieses Problemthema nicht nur – wie schon seit Jahren – auf den Schreibtischen der Ermittlungsbeamten, sondern auch auf den Agenden der Politiker.

In Berlin und auch in Städten wie Essen und Bremen haben sich über die Jahre und Jahrzehnte regelrechte Parallelgesellschaften gebildet. Es gibt die Bürger, die nach den deutschen Gesetzen leben. Und es gibt die Angehörigen der kriminellen Araber-Clans. Die haben ihre eigenen Gesetze, und nach diesen leben sie. Nicht der deutsche Staat bestimmt, was richtig oder falsch

9

ist, sondern das gibt die Familie vor. Die Anweisungen von Ordnungsämtern und der Polizei fallen nicht ins Gewicht.

Als in den frühen Achtzigerjahren der Krieg zwischen Israel und dem Libanon tobte, kamen viele Familien nach Deutschland und vor allem nach Berlin, die heute als »arabische Clans« bezeichnet werden. Die Gesellschaft – da sind sich heute Politik und Polizei längst einig – wollte diese Flüchtlinge nicht, weder auf dem Arbeitsmarkt noch in den Schulen oder im alltäglichen Leben. So hart und angreifbar das auch klingen mag: Was hätten diese Menschen tun sollen, außer kriminell zu werden? Ein Polizist sagte mir dazu mal, dass er wahrscheinlich auch zum Verbrecher geworden wäre, wenn er in einem Land lebte, das ihn nicht wollte und ihm keine Perspektiven böte. Und so begannen einige dieser Menschen mit zwielichtigen Geschäften, drängten auf den Drogenmarkt, erpressten Schutzgelder und gingen dabei teils mit äußerster Brutalität vor. Sie verschafften sich Respekt bei den einheimischen, »lokalen« Kriminellen.

Obwohl es warnende Stimmen aus der Polizei gab, wurde das Phänomen nicht ernst genommen. Ja, man sprach darüber hinter vorgehaltener Hand, aber nicht öffentlich. Denn Deutschland hat mit dem Dritten Reich nun einmal eine Vergangenheit, derentwegen es schwerfällt, einer bestimmten Bevölkerungsgruppe verstärkt kriminelle Machenschaften vorzuwerfen. Schnell hätte man als Neonazi gegolten, wenn man gesagt hätte, dass es ein großes Problem mit arabischstämmigen Menschen gibt. Durch diese »verordnete« Untätigkeit erstarkten die Clans zu dem, was sie jetzt sind: eine Gefahr für die innere Sicherheit und auch die Werte dieses Landes. Natürlich werden nicht alle Mitglieder eines Clans straffällig. Manche führen ein ganz normales, rechtschaffenes Leben. Das ändert aber nichts an der Bedrohung, die von der übrigen Familie ausgeht.

Gerade Berlin als Hauptstadt Deutschlands scheint schlecht gewappnet, um diesen Kampf jetzt noch gewinnen zu können. Viele der einschlägig bekannten Kriminellen besitzen mittlerweile die deutsche Staatsbürgerschaft. Die Polizei ist derart zusammengespart, dass sie gerade noch so ihre alltäglichen Aufgaben bewältigen kann. Ähnlich sieht es bei der Justiz aus, bei der ebenfalls nicht selten wegen Personalmangels Vorgänge bis zur Verjährung auf den Schreibtischen liegen und nicht bearbeitet werden. Es müssten Gesetze geändert werden. Deutschland braucht die Beweislastumkehr. Das bedeutet, dass nicht der Staat einem Verdächtigen nachweisen muss, dass sein Geld aus kriminellen Machenschaften stammt, sondern dass er die legale Herkunft belegen muss. Italien beispielsweise greift härter durch: Beschlagnahmtes Geld fließt zum Teil in die Kassen der dortigen Sicherheitsbehörden.

Im Kampf gegen diese Kriminalitätsform hat Bundesinnenminister Horst Seehofer angekündigt, die Polizei im großen Stil aufzustocken. Es soll endlich ein bundesweites Lagebild über die Clan-Machenschaften geben. Die Länder sollen besser zusammenarbeiten und Informationen austauschen. Doch das sind alles Dinge, die bereits vor zwanzig Jahren hätten passieren müssen! Mit der aktuellen Flüchtlingswelle drängt sich das gleiche Problem auf wie damals während des Libanonkriegs: Wieder kommen Menschen in dieses Land, die schlechte Sprachkenntnisse und teils eine mangelnde Schulbildung haben. Sie können für die Clans zur strategischen Waffe werden, denn ob ihrer finanziellen Situation sind sie leichter zu verführen. Sie haben zudem zum Teil unklare Identitäten und sind bisher nicht im Raster der Polizei. Auch wenn die Clans niemanden in ihren inneren Kreis hineinlassen – willige »Soldaten« für das Geschäft auf der Straße können sie immer gebrauchen. Es gibt bereits Beobachtungen, wonach die Clans versuchen, vor den Flüchtlingsheimen Nachwuchs zu rekrutieren. Doch wie sollte man das verhindern? Es ist schließlich nicht verboten, mit einem Landsmann zu sprechen.

In der Hauptstadt Deutschlands, in der es so viele verschiedene Lebensformen und Kulturen gibt, von der Hausbesetzerszene bis zu den Nobelrestaurants, haben sich die Clans über die Jahre und Jahrzehnte ihre Freiräume erkämpft. Sie treten nicht nur im Bereich des Kurfürstendamms auf, sondern auch in den Bezirken Neukölln und Schöneberg. Und sie sorgen auf ihre Art für Angst und Schrecken bei denjenigen, die mit ihnen zu tun haben – sei es als Nachbar, als Barbetreiber, als Polizist oder Ordnungshüter im Allgemeinen. Jeder Betroffene weiß um die Geschäfte dieser berüchtigten Großfamilien: Drogenhandel, Schutzgelderpressung, Prostitution. Aber so etwas bekommt der Tourist in der Regel nicht mit. Nur wer in Berlin lebt und seinen Kiez kennt, sieht, wie dieser sich mehr und mehr verändert.

In Berlin kann man ohne Weiteres mit Ehepartner

oder Freunden in einem Restaurant sitzen, das unter anderem auch von Personen frequentiert wird, die der Russenmafia zugeordnet werden, und friedlich sein Abendessen zu sich nehmen. Sind die Mafia-Angehörigen zu laut und werden darauf angesprochen, muss man nicht mit einer Tracht Prügel rechnen, sondern wird eher eingeladen oder bekommt eine Flasche Krimsekt auf den Tisch, verbunden mit der Entschuldigung, dass ein Geburtstag gefeiert werde und man um Verzeihung für die Ruhestörung bitte. Sie versuchen, jegliches überflüssige Benehmen zu vermeiden, das einen Funkwageneinsatz auslösen könnte. Denn Funkwageneinsatz bedeutet Feststellung der Personalien, Einblicke in den Polizeicomputer, weiterführende Ermittlungen – alles, was die Geschäfte stört.

Wer es hingegen wagen sollte, einem Mitglied einer arabischen Großfamilie die angemessene Lautstärke seiner Stimme oder sein Verhalten in der Öffentlichkeit vorzuschreiben, kann mit annähernd hundertprozentiger Sicherheit damit rechnen, beleidigt, bedroht oder gar verprügelt zu werden.

Würde der Durchschnittsbürger in Berlin gefragt, ob er Angst vor der Mafia habe oder sich von dieser in seinem alltäglichen Leben beeinträchtigt fühle, würde er das wohl verneinen. Mit dem Begriff »Mafia« bringt man in der Regel sizilianische Kriminelle in Verbindung, die japanischen Yakuza und nach dem Zerfall der UdSSR die sogenannte Russenmafia. Und in der Tat beeinträchtigen diese Strukturen nicht das alltägliche Straßenbild in der Hauptstadt. Denn im Gegensatz zu den arabischen Clans achten sie vor allem auf eines:

keine Aufmerksamkeit erregen. Denn Aufmerksamkeit bedeutet Aufsehen, bedeutet Behörden, bedeutet Polizei, bedeutet Berichterstattung in den Medien – all das, was professionelle Verbrecher eigentlich nicht gebrauchen können. Zweifellos gab es auch in diesen Umfeldern brutale Morde, die bekannt geworden sind. Diese wurden jedoch absichtlich öffentlichkeitswirksam ausgeführt, um eindeutige Signale an Konkurrenten oder Leute zu senden, die sich mit den Falschen angelegt hatten.

Die Clans halten sich hingegen für unantastbar. Das suggerieren sie durch ihren Habitus, vor allem durch das Belächeln der deutschen Staatsmacht. Gerade in letzter Zeit haben sie mit ihren Taten den Rechtsstaat regelrecht verhöhnt. Ihre Coups werden spektakulärer: Da war der Überfall auf das Edelkaufhaus KaDeWe am 20. Dezember 2014, und einige Jahre später, am 26. März 2017, wurde aus dem Bode-Museum eine riesige Goldmünze gestohlen. Die Botschaft ist klar und deutlich: »Wir können tun und lassen, was wir wollen.« Und die Botschaft kommt an: bei Geschäftsleuten, bei Polizisten, bei Staatsanwälten.

Doch nicht nur bei spektakulären Raubzügen inszenieren sich die Clan-Mitglieder als über dem Gesetz stehend, sondern auch im täglichen Leben. Während Otto Normalverbraucher fürs Falschparken kompromisslos und ganz selbstverständlich ein Knöllchen aufgebrummt bekommt, bleibt das Fehlverhalten der Fahrer von aufgemotzten AMGs und Lamborghinis ungeahndet, selbst wenn sie in der zweiten Reihe den Weg blockieren, weil viele Ordnungshüter Angst vor den Clan-Mitgliedern haben.

All das bleibt in der Berliner Bevölkerung nicht unbemerkt, und viele verlieren das Vertrauen in den Rechtsstaat, fühlen sich weniger sicher. Es stellt sich die Frage, wer denn nun der Chef in der deutschen Hauptstadt ist.

Arabische Clans in Deutschland

Das von Bundesinnenmister Horst Seehofer geforderte, landesweit übergreifende Lagebild sollte bei Fertigstellung dafür sorgen können, endlich die genauen Strukturen der »Medusa-Clans« zu beleuchten. Sie agieren im Ruhrgebiet, in Bremen und in Berlin. Die Vorgehensweise ist eigentlich bei allen identisch: Es wird gemacht, womit Geld verdient werden kann, also Drogen, Prostitution, Waffenhandel, Schutzgelderpressung, organisierter Diebstahl und so weiter. Gerade in Berlin machten die Hauptstadt-Clans mit spektakulären Coups auf sich aufmerksam.

Da ist beispielsweise der Clan der Abou-Chakers, wegen der Buchstaben im Familiennamen auch »ABC-Clan« genannt. Laut Schätzungen hat er 150 Mitglieder. Das ist nicht sonderlich viel, aber diese Familie gilt als gefährlich und effektiv. Sie hat sich über die Grenzen der Hauptstadt hinaus einen Namen gemacht, weil ihr Anführer, Arafat Abou-Chaker, lange Zeit ein intensives freundschaftliches und geschäftliches Verhältnis mit dem deutschlandweit bekannten Rapper Bushido pflegte. Mitte der Siebzigerjahre kam die Familie Abou-Chaker nach Berlin, zuvor hatte sie in palästinensischen Flüchtlingslagern gelebt. Die deutsche Staatsanwaltschaft rechnet die Familie der Organisierten Kriminalität zu. Das Spektrum reicht – im Grunde wie bei all diesen berüchtigten Großfamilien – von Schutzgelderpressung über Waffenhandel bis hin zu Raubüberfällen. Mittlerweile ist es für die Ermittlungsbehörden schwer, noch einen Überblick über die Machenschaften der Familie zu bekommen, denn viel des illegal erwirtschafteten Geldes wurde in legale Geschäfte wie Lokale und Immobilien gesteckt.

Nachdem sich der Gangster-Rapper Bushido vom ABC-Clan gelöst hatte, soll er sich kurzzeitig mit der Familie Remmo angefreundet haben. Dieser Clan ist vor allem auf Diebstahl spezialisiert und hat mit spektakulären Coups von sich reden gemacht. Einer davon ist der Raub der überdimensionalen Goldmünze aus dem Berliner Bode-Museum.

Etwa 500 Angehörige werden der Großfamilie zugerechnet. Den Behörden sind sie immer wieder wegen Körperverletzung, Schutzgelderpressung, Raub, Drogenhandel, Diebstahl und Hehlerei aufgefallen. Ursprünglich stammen sie aus dem Südosten der heutigen Türkei unweit der Grenze zu Syrien. Später siedelten sie in den Libanon über, galten dort aber nur als staatenlos und zählten zur untersten Gesellschaftsschicht. In den Achtzigerjahren, während des Libanesischen Bürgerkriegs, fanden sie schließlich ihren Weg nach Deutschland. 1992 geriet der Name Remmo in die Schlagzeilen, als zwei Clan-Mitglieder im Berliner Stadtteil Schöneberg einen Gastronomen aus dem ehemaligen Jugoslawien erschossen.

Probleme mit den Clans haben auch andere deutsche Städte. Die Hansestadt Bremen wird von der Familie Miri dominiert. Laut Schätzungen gehören 2.500 Personen zu diesem Clan, gegen ungefähr die Hälfte von ihnen hat die Polizei bereits ermittelt. In erster Linie handeln die Clan-Angehörigen mit Waffen und Drogen. Zudem sollen sie im Schutzgeldgeschäft aktiv sein. Sie schlossen sich einst mit dem berüchtigten Rockerclub Mongols zusammen, der seit jeher mit den Hells Angels verfeindet ist. Dies sorgte für Sorgenfalten bei den Ermittlern, denn die Verbindung zwischen brutalen Rockergangs und anderen gut vernetzten Tätern der Organisierten Kriminalität stellte eine neue Herausforderung dar.

Die personell größte Familie stellt der Clan von Mahmoud Al-Zein dar; 15.000 Mitglieder soll die Familie bundesweit haben. Für den Familiennamen gibt es verschiedene Schreibweisen, was die tägliche Arbeit beispielsweise bei Personenkontrollen für die Beamten erschwert. Mahmoud Al-Zein galt einst als der mächtigste Unterwelt-Chef Berlins und wurde daher auch der »Präsident« genannt. Die verschiedenen Schreibweisen für diese Familie lauten: Al-Zein, Al-Zayn oder auch El-Zein. Sie stammt aus Südanatolien und zählt zu den Mhallami, einer arabischsprachigen Volksgruppe in der Türkei und im Libanon. Einige Mitglieder dieser Familie gelten als Intensivtäter. Die ihnen zur Last gelegten Taten ziehen sich quer durch das Strafgesetzbuch: Neben Gewalt- und Betrugsdelikten sagt man ihnen Medikamenten- und Drogenhandel nach, hinzu kommen der sogenannte »Leistungsmissbrauch«, Ladendiebstahl und anderes.

Tatort Bremen

30 Familien mit etwa 2.500 Mitgliedern stellen in der Hansestadt den Clan der Miri. Die überführten Kriminellen unter ihnen fielen durch Schutzgelderpressung und den Handel mit Waffen, Drogen und Medikamenten auf, und auch im Rotlichtmilieu sind sie aktiv.

Die klassische Vorgehensweise bei der Schutzgelderpressung: Jemand eröffnet ein Restaurant oder Lokal. Eines Tages erscheinen dort mehrere Personen, provozieren Streit oder gar eine Schlägerei mit anderen Gästen und versuchen, Sachschaden anzurichten. Tags darauf betreten Verwandte der Krawallmacher die Örtlichkeit und bieten an, derartige Zwischenfälle künftig zu verhindern – natürlich gegen Bezahlung. Wer brav zahlt, hat zwar finanzielle Einbußen, aber dafür seine Ruhe. Wer die Zahlung verweigert, muss hingegen ständig in Angst leben, Opfer einer körperlichen Attacke zu werden und am Ende vor den Trümmern seiner Existenz zu stehen. Unendliche Sicherheit garantiert aber auch die wöchentliche Barzahlung nicht, die Täter erhöhen die zu entrichtende Schutzgeldsumme nach eigenem Ermessen. »Die Kriminellen achten aber schon darauf, dass die Erpressten nicht an den Rand ihrer finanziellen Möglichkeiten kommen. Denn ein insolventes Lokal bringt kein Geld mehr ein. So clever sind die Herrschaften dann schon«, erzählt ein Polizist.

Das Problem, mit dem die Stadt und ihre Sicherheitsbehörden in erster Linie zu kämpfen haben, ist das Auftreten der Clan-Mitglieder in der Öffentlichkeit. Polizisten berichten übereinstimmend von Drohgebärden und mangelndem Respekt allen anderen Bürgern gegenüber – die Polizei eingeschlossen. Nicht selten sei es vorgekommen, dass Verdächtige bei Überprüfungen allein durch die Nennung ihres Familiennamens Eindruck schinden und somit Druck auf die Beamten ausüben wollten. »Viele der polizeibekannten Täter sind überaus rabiat und gewaltbereit. Diesen Ruf wollte der Clan auf die Straße transportieren. Zeitweise gelang das auch.« Es sollte sich herumsprechen, dass die Mitglieder keine Angst haben und auch körperliche Auseinandersetzungen nicht scheuen. Selbst in den Schulen prahlten Kinder und Jugendliche damit, zum Clan der Familie Miri zu gehören. Das sorgte für Angst unter den Schulkameraden und für Sorgenfalten bei Lehrern und Eltern.

Besonders im Nachtleben am Wochenende, so berichtet ein anderer Beamter, habe es in und auch vor den Lokalen und Diskotheken »Stress gegeben«. Das Auftreten war immer gleich: in Gruppen, laut, bedrohlich. Man scherte sich nicht darum, ob eine junge Frau mit ihrem Freund unterwegs war, und sprach sie an. Das beleidigte zum einen die Frau selbst und provozierte zudem ihren Begleiter. Begehrte der auf, wurde er geschlagen oder mit dem Messer bedroht oder gar angegriffen. Auch so sollte gezeigt werden, wer der Herr auf den Straßen war.

Die Bremer Polizei entschied sich bereits vor Jahren, eine Null-Toleranz-Linie zu ziehen. Das heißt, bereits kleinste Vergehen wurden geahndet. Zwar herrscht im Norden Deutschlands wie in anderen Bundesländern auch Personalmangel bei der Polizei, doch wenigstens hat die Stadt keine ständigen Zusatzaufgaben zu bewältigen wie etwa Berlin. US-Präsidenten kommen nicht zu Besuch, es gibt keine Mai-Krawalle und keine radikale Hausbesetzerszene. Und so konnten die Bremer es sich leisten, im Vergnügungsviertel der Stadt am Wochenende eine komplette Hundertschaft vor die Diskotheken zu stellen, die bei der kleinsten aufkeimenden Auseinandersetzung zur Stelle war. Das störte die Schläger, verdrängte sie. Die Polizei konnte auf diese Weise zumindest die Straße zurückerobern. Damit ist das Problem der Organisierten Kriminalität an sich natürlich nicht gelöst. Aber die Bevölkerung spürt, dass die Polizei zumindest den Gang zur Diskothek durch ihre Anwesenheit wieder ermöglicht.

Die Bremer Ermittlungsbehörden setzen immer wieder Nadelstiche. Es gibt Razzien in einschlägigen Bars und regelmäßige Personenkontrollen. Das Spezialeinsatzkommando (SEK) ist regelmäßig zur Stelle und vermittelt an die Szene die Botschaft, dass der Staat auch hart durchgreifen kann.

Auch juristisch war Bremen stark und konsequent. Angehörige des Miri-Clans gründeten im August 2010 einen deutschen Ableger der berüchtigten amerikanischen Rocker-Bruderschaft Mongols MC, Todfeinde der Hells Angels. Das ist generell erst einmal nicht verboten. Doch mit einem Motorradclub, wie ihn sich der Durchschnittsbürger vorstellt, hatte diese Vereinigung in Bremen nichts zu tun. Das waren keine Biker mit langen Haaren und einer Harley-Davidson unter dem Hintern. Bis auf ein Mitglied besaß keiner dieser vermeintlichen Rocker ein Motorrad, geschweige denn einen entsprechenden Führerschein. Das sorgte dafür, dass der Präsident des international operierenden Clubs dem Bremer Ableger den Rücken kehrte: Sie seien keine Mongols, sondern lediglich Leute, die durch ihre Taten die Aufmerksamkeit der Polizei auf den Club gelenkt hätten.

Bereits im Mai 2011 setzten die Bremer Behörden durch, dass im Bereich der Innenstadt keine Kutten oder Shirts mit den Insignien des Rockerclubs getragen werden durften. Tage später wurde der Club ganz verboten, weil er nach behördlichen Einschätzungen nur dazu gedient habe, Straftaten zu begehen und durch das Auftreten Angst und Schrecken im Bereich der Organisierten Kriminalität zu verbreiten. Im Anschluss versuchten die Mongols, mit einem Ableger in Berlin Fuß zu fassen. Befürchtungen, es käme dadurch zu einem neuerlichen Rockerkrieg in der Hauptstadt, bewahrheiteten sich nicht. Die Hells Angels waren in Berlin zu mächtig, die Mongols lösten sich auf.

Die Ermittler in Bremen haben dieselben Probleme wie ihre Kollegen in anderen Bundesländern: Es ist fast unmöglich, an Informationen aus dem inneren Kern zu kommen. Die Reihen der Familien sind dicht geschlossen, niemand redet. Das Gesetz, das für die Angehörigen des Clans zählt, ist das der Familie. Als die Behörden vor einigen Jahren rechtzeitig zu einer geplanten Massenschlägerei zwischen den Miris und einer anderen Personengruppe kamen, wurde bei der Personenkontrolle auch ein angehender Polizist angetroffen. Auf die Frage, ob er sich seiner Pflichten als Staatsdiener bewusst sei, gab er zu Protokoll, dass die Regeln seiner Familie über dem deutschen Gesetz stünden. Wenn die Familie rufe, dann würde er kommen. Egal, welchen Beruf er habe.

Niemand gelangt ins Innere der Clans, auch keine

fremde Frau. Ehen werden innerhalb der Familien organisiert, und nicht selten heiraten Cousins ihre Cousinen. Einem Beamten zufolge hat das auch negative Folgen. Er berichtet aus seinen persönlichen Erfahrungen, dass er Fälle von schwer missgebildeten Kindern kennt. »Das ist ein absolutes Tabuthema. Ich kenne eine Familie, bei der mehr oder weniger Verwandte geheiratet und Kinder in die Welt gesetzt haben ...« Doch auch diese Schattenseiten werden von der großen Familie kompensiert: Man hilft einander. Der Clan steht fest zusammen. Deswegen ist der Familienkodex heilig.

Überall dort, wo kriminelle Strukturen aktiv sind, versuchen die Straftäter, an Informationen über ihre Gegner zu kommen, also etwa die Namen der Polizisten und deren Anschriften herauszufinden, um Druck ausüben zu können. »Es reicht schon jemand, der für eine Firma arbeitet, bei der Autos versichert sind«, so ein Beamter. »Dadurch erlangt man Zugriff auf Fahrzeugkennzeichen und die Daten des Versicherungsnehmers.« Der Datenschutz sei sehr leicht zu umgehen. Ähnlich wie die Polizei würden die Großfamilien regelrechte Observationseinheiten abstellen, um ihre Gegner zu überwachen, um eine Schwachstelle zu finden und diese auszunutzen. »Die Gesellschaft muss sich davon lösen, zu denken, dass wir es mit ungebildeten Personen zu tun haben. Man muss kein Abitur samt Studium haben, um clever dem kriminellen Geschäft nachgehen zu können«, so der Polizist weiter.

Essen

Wer an Clan-Kriminalität denkt, ist im Geiste automatisch in Berlin. Wegen der Bekanntheit des ABC-Clans und seines früheren Verbündeten, dem Rapper Bushido. Wegen der spektakulären Taten, die von verschiedenen Familien in der Hauptstadt begangen wurden. Doch auch andere Bundesländer haben mit den kriminellen Großfamilien zu tun. Gerade die Stadt Essen, die in den Nachrichten eher selten erwähnt wird, hat zu kämpfen – eigentlich sogar der ganze Ruhrpott, zwischen Duisburg und Essen. Die Steinkohlezentren verschwinden, die Menschen verlassen die Gegend, und dadurch gibt es dort billigen Wohnraum.

Früher gab es andere Probleme im Pott. Da waren die Angehörigen der echten Mafia, der italienischen, aktiv, anders als in Berlin. Die Polizei schlug sich auch mit Rocker-Gangs herum, und sie sagte den Neonazis den Kampf an. Die Einbruchszahlen nahmen zu, die Beamten waren beschäftigt, und die arabischen Clans konnten kontinuierlich einsickern in das Gebiet. Sie kauften verwahrloste Mehrfamilienhäuser auf, um sie als Wohnungen zu vermieten. Mittlerweile fallen sie durch die gleichen Taten auf wie die Clans in Berlin: Es gibt Massenschlägereien, und die Polizei nimmt auch Schießereien in die Statistiken auf. Die Clans werden im Drogenhandel wahrgenommen sowie in Verbindung mit Schutzgelderpressung.

Im Februar 2019 sagte der Landesvorsitzende der Deutschen Polizeigewerkschaft: »Über viele Jahre hinweg sind die Clans in Nordrhein-Westfahlen unterschätzt worden – womöglich aus Gründen falsch verstandener Toleranz.« So wird Erich Rettinghaus vom *Spiegel* zitiert. Die Zurückhaltung der Polizei hätten Kriminelle als Schwäche des Staats interpretiert und immer mehr Grenzen überschritten. Und auch die Politik meldete sich zu Wort: Man habe sich um das Phänomen zu wenig gekümmert, heißt es vom CDU-Innenminister Herbert Reul. Man habe es verpennt.

Essen zählt 3.000 Clan-Angehörige libanesischer Abstammung, das zuständige Landeskriminalamt (LKA) führt 1.200 von ihnen als Tatverdächtige.

Die Zahlen für das gesamte Bundesland wiegen noch schwerer. Laut Landeskriminalamt haben 6.500 Clan-Mitglieder in der Zeit zwischen 2016 und 2018 mehr als 14.000 Straftaten begangen. Anlässlich einer Pressekonferenz sagte ein für dieses Kriminalitätsfeld zuständiger Abteilungsleiter, dass die Dunkelziffer vor dem Hintergrund des Bedrohungspotenzials, der Einschüchterung, der strikten Abschottung und einer gering ausgeprägten Anzeigebereitschaft erheblich höher sein dürfte. Ein Drittel der bekannten Delikte sind laut LKA Gewalttaten wie Körperverletzungen, gefolgt von Betrugs- und Eigentumsdelikten sowie Drogenhandel. Hinzu kommen zwei Tötungsdelikte und 24 versuchte Tötungen.

Wie ein Brandbrief kam ein öffentlicher Hilferuf aus der Essener Geschäftswelt vor mehr als zwei Jahren daher. Die Immobilien- und Standortgemeinschaft City Nord, kurz ISG, mahnte an, dass es längst nicht mehr nur um Sachbeschädigungen, Beleidigungen und Bedrohungen gehe. Die Clans würden agieren, wie man es eben einer Mafia nachsage. Die ISG beklagte permanente Rechts- und Regelverstöße bis »hin zum organisierten kriminellen Verhalten«. Es gebe »erheblich differente Wert- und Rechtsvorstellungen«. Wörtlich steht in dem Papier: »Wir haben Rechtsverletzungen bis hin zu Schwerstkriminalität erleben müssen, und die Ausschreitungen in den letzten Wochen zeigen nun ein Ausmaß, das vollkommen inakzeptabel ist.« Gemeint waren konkret Massenschlägereien in der Öffentlichkeit.

Das Landeskriminalamt reagierte und rief ein Projekt ins Leben, das nun im Kampf gegen die Clans die Speerspitze darstellen soll: »KEEAS«. Die Abkürzung steht für »Kriminalitäts- und Einsatzbrennpunkte geprägt durch ethnisch abgeschottete Subkulturen«. Eine Truppe, wie es sie in Berlin nicht gibt, die der Hauptstadt aber guttun würde. Essen setzt damit ein klares Zeichen. Denn allein die Inbetriebnahme einer solch spezialisierten Einheit macht deutlich, dass der Staat sich den Clans nun entgegenstellt. Denn nur wenn intensiv gegen Clan-Strukturen in Deutschland vorgegangen wird, nur wenn die Parallelgesellschaften aufgeweicht werden, kann das Phänomen Clans erfolgreich bekämpft werden.

Der Berliner Islamforscher Ralph Ghadban bringt es auf den Punkt: »Unsere Gesellschaft ist gespalten. Wir haben eine islamische Parallelgesellschaft, deren Wertesystem sich nach der Scharia richtet. Kein großer Islamverband hat der Scharia entsagt.« Der Flüchtlingszuzug vergrößert seiner Ansicht nach das Problem zusätzlich. »Die neuen Flüchtlinge werden in die Parallelgesellschaften integriert und nicht in unsere«, sagte er im April 2018 in einem Interview bei *Bild Online*.

27

Frühe Warnung: Clans auf dem Vormarsch

Seit ein paar Jahren nehmen Politik und Gesellschaft die Clan-Problematik wahr. In den letzten Wochen ist kaum ein Tag vergangen, an dem nicht in den Medien darüber berichtet wurde. Teils in den lokalen Tagesblättern großer Städte, aber vermehrt auch in den wichtigen politischen Magazinen wie dem *Stern* und dem *Spiegel*. Und das sogar auf den Titelseiten.

Das hat zum einen damit zu tun, dass durch die Recherchen der Journalisten immer deutlicher wird, wie groß der Einfluss dieser kriminellen Familien geworden ist. Es liegt aber auch daran, dass das subjektive Sicherheitsgefühl der Menschen in Deutschland mehr und mehr schwindet. So ergab eine Umfrage im Auftrag der *Bild*-Zeitung Ende Juli 2019, dass jeder zweite Deutsche nicht mehr daran glaubt, dass die Polizei ausreichenden Schutz für die Bevölkerung gewährleisten kann.

Das brachte dann auch den besorgten Bundesinnenminister Horst Seehofer auf den Plan. Er räumte öffentlich ein, dass das Sicherheitsgefühl der Deutschen in den letzten Jahren zurückgegangen sei. Das Land habe im Jahr 2018 zwar die niedrigste Kriminalitätsbelastung seit 1992, deshalb dürfe man sich jedoch nicht zurücklehnen. Es müsse mehr Polizei auf die Straßen. Bis 2025 werden daher allein bei der Bundespolizei 24.000 neue Stellen geschaffen. Ein guter Ansatz, sicherlich. Das verschafft der Politik etwas mehr Ruhe, die Zahlen sollen den interessierten Leser beeindrucken. Doch es geht nicht nur um die Einsatzkräfte auf den Straßen, die zu Hilfe eilen, wenn Ausschreitungen oder Massenschlägereien unter den arabischen Clans bereits in vollem Gange sind. Es bedarf auch ganz neuer Ermittlungsstrategien, um die Organisierte Kriminalität an der Wurzel zu packen.

Auf Länderebene wird das Thema Clans auch auf die Agenda geschrieben, und das mittlerweile ziemlich weit oben. Die Menschen fühlen sich von den Clans in ihrem Alltag bedroht, gerade in Problembezirken wie Neukölln. Dieses Gefühl der Unsicherheit ist der Unterschied zu den täglich von Linksextremisten verübten Straftaten. Dass rund um die besetzten Häuser an der Rigaer Straße in Berlin beinahe täglich Flaschen und Steine auf Polizisten geworfen werden, nimmt der Berliner Durchschnittsbürger kaum noch wahr. Das hat es in Berlin immer gegeben, das gehört dazu wie der 1. Mai und die große Silvesterfeier am Brandenburger Tor. Darum kann man einen Bogen machen – nicht aber um die kriminellen Clan-Mitglieder. Denn die treffen sich nicht in verspeckten Szenekneipen im linken Kiez, sondern sind stadtweit anzutreffen.

Es gibt markige Ankündigungen im Berliner Parlament. Die Polizei zeigt sich auf den Straßen, führt zusammen mit den Ordnungsämtern und dem Zoll immer öfter Schwerpunkteinsätze in den »kriminalitätsbelasteten« Bezirken durch. Sie überprüft einschlägige Shisha-Bars und informiert auch nachts die Presse über aktuelle Einsätze, damit die Öffentlichkeit sieht, dass die Staatsmacht etwas gegen das Phänomen Clan unternimmt. Reaktionen auf Entwicklungen, die vor Jahren bereits von schlauen Beamten beobachtet und auch zur Sprache gebracht worden sind. Nur damals hat niemand richtig zugehört. Es war offenbar bequemer, als zu handeln.

Die Zeichen standen nämlich schon sehr lange auf Sturm. Bereits vor fünfzehn Jahren, im Januar 2003, veröffentlichte der Berliner Kriminalbeamte Markus Henninger in der Zeitschrift *Kriminalistik* einen langen Aufsatz über die Zustände in der Hauptstadt. In *»Importierte Kriminalität« und deren Etablierung* – so der Name seines Artikels – beschrieb er das vorangegangene Jahrzehnt. Sein Beitrag liest sich wie eine Bankrotterklärung, und schon damals machten seine Zeilen Angst, weil sie schonungslos darlegten, wie weit die kriminellen arabischen Großfamilien in den Alltag der Hauptstadt eingedrungen waren und mit welcher Brutalität sie vorgingen.

Die Warnungen waren also da, doch lange Zeit wurde über das Problem hinweggesehen, wohl aus Gründen der »politischen Korrektheit«. Man tat sich schwer damit, eine ganze Personenklientel als kriminell zu bezeichnen oder das auch nur zu unterstellen. »Man hatte einfach Angst, sofort als Nazi zu gelten, wenn man Probleme mit ethnischen Gruppen ansprach«, berichtet mir ein Kriminalbeamter. Der frühere Polizeipräsident Dieter Glietsch, ein SPD-Mitglied, war im Jahr 2007 einer der ersten seines Amtes, der beispielsweise zur Sprache brachte, dass Berlin ein Problem mit kriminellen ausländischen Jugendlichen hat. Doch auch damals war es im Grunde schon fast zu spät.

Während zwischen den Jahren 1975 und 1990 der Libanesische Bürgerkrieg tobte und die Menschen nach einem sicheren Lebensraum suchten, engagierten sich im Libanon lebende Kurden bei der Palästinensischen Befreiungsorganisation, kurz PLO. Nach deren Rückzug aus der Hauptstadt Beirut drängten die Flüchtlinge Richtung Westen. Laut Henningers Untersuchungen landeten beispielsweise im März 2002 909 Menschen mit angeblich syrisch-kurdischer Herkunft auf einem Schiff in Sizilien. Bevorzugtes weiteres Ziel war nicht nur Deutschland im Allgemeinen, sondern Berlin im Besonderen.

Bis 1990 kamen demnach mehr als 15.000 »libanesische Kurden« in die Bundesrepublik Deutschland. Zwar wurden die meisten Asylanträge abgelehnt, da jedoch die temporär ausgestellten Pässe der Flüchtlinge durch Ablauffristen ungültig waren oder die Betroffenen ihre Ausweisdokumente zerstörten, blieben nötige Abschiebungen aus. Neue Papiere wurden durch den Libanon nicht ausgestellt, womit die Personen als staatenlos gelten und nicht abgeschoben werden können. Das Einsickern vieler dieser neuen Bürger Berlins in den Bereich der Organisierten Kriminalität konnte beginnen, auch unter den Augen der Sicherheitsbehörden.

Die Beamten des Landeskriminalamts ahnten, was da brodelte. Doch Berlin ist eben »arm, aber sexy«, und ein solches Problem war für das Ansehen der Stadt offenbar nicht erwünscht. Jetzt kommt die Hauptstadt wegen dieser Problematik kaum mehr aus den negativen Schlagzeilen heraus. Regelmäßig sind in den lokalen Blättern Fotos von vermummten Beamten zu sehen, die Razzien und Kontrollen durchführen. Waren es früher nur die Beamten des Spezialeinsatzkommandos, denen wegen ihrer gefährlichen Tätigkeit dieser Identitätsschutz gestattet wurde, tragen jetzt auch die Angehörigen der Bereitschaftspolizei bei Aktionen gegen die Clans eine Gesichtsmaske. Und selbst so mancher Kriminalbeamter von den Fachdienststellen des Landeskriminalamts verbirgt sein Gesicht hinter einem Stück Stoff, um nicht erkannt zu werden. Kein Indiz dafür, dass sich die Lage entspannt – im Gegenteil.

Henninger zitiert beispielsweise den ehemaligen Leiter des Kriminologischen Instituts in Niedersachen und den im Jahr 2003 amtierenden niedersächsischen Justizminister: »Die Maßstäbe der political correctness dürfen nicht dazu verleiten, dass man schmerzhafte Botschaften nur hinter vorgehaltener Hand weitererzählt oder gar völlig unterdrückt. Mit dem Verschweigen dieser Probleme ist niemandem gedient. Eine ehrliche Auseinandersetzung eröffnet dagegen die Perspektive, dass ein schon in Gang befindlicher Prozess des kulturellen Wandels beschleunigt wird.« Schon damals gab es also starke Bedenken. Nicht nur wegen des Problems an sich, sondern auch wegen der Art, wie politisch und gesellschaftlich damit umgegangen wurde. Henninger und die von ihm zitierten Fachexperten müssten bei der heutigen Situation eigentlich grimmig grinsen, wenn die Angelegenheit nicht so traurig und gefährlich wäre.

Schon im Januar 2003 benennt der emsige und engagierte Polizist die Probleme, die sich heute noch mehr in Berlin manifestiert haben: »Vielfach ist eine Kombination der Deliktsschwerpunkte ›Rohheitsdelikte‹ und ›Handel mit Betäubungsmitteln‹ festzustellen. Rohheitsdelikte unter Einsatz von Messern oder Schusswaffen sind gängiges Mittel, um den Drogenhandel zu organisieren, Konkurrenten auszuschalten, Absatzmärkte zu sichern oder neu zu schaffen.« Insbesondere werde versucht, die Türstehertätigkeit in Diskotheken und sonstigen Vergnügungsstätten zu übernehmen, da diese gleichbedeutend mit der Entscheidungsgewalt sei, wer in diesen Örtlichkeiten mit Rauschgift handeln dürfe und wer nicht.

Libanesisch-kurdische Täter spielen eine maßgebliche Rolle im Geschäft mit illegalen Betäubungsmitteln (BtM), zumindest in Berlin. Das Gewaltpotenzial, mit dem Auseinandersetzungen ausgetragen würden, ist enorm. »So kam es in Berlin in der Vergangenheit zu zahlreichen Schießereien in Lokalitäten oder auf öffentlichem Straßenland, bei denen sich verfeindete Gruppierungen u. a. sogar gegenseitig mit MP-Salven eindeckten.«

Schon damals mahnte Henninger an, dass ein wesentliches Element der Einschüchterungsstrategien die Drohung mit dem Clan sei und dass zeitweise allein die Nennung des Namens einer bestimmten Großfamilie ausreichte, um eventuelle Gegenaktivitäten von Kontrahenten zu unterbinden. Damals hätte man das Kind vielleicht noch aus dem Brunnen ziehen können, denn zu jener Zeit waren die Clans noch nicht so gut organisiert, wie sie es heute sind. Damals waren sie auch noch nicht gesellschaftsfähig und machten Fehler. Mittlerweile haben sie einiges dazugelernt und verfügen heutzutage über besten juristischen Beistand und haben viel des illegal erworbenen Geldes bereits gewaschen und reinvestiert.

Drei Jahrzehnte ungebremster Clankriminalität

Die Taten, die Henninger auflistet, erinnern in Gänze an einen üblen Gangster-Film. Nur dass dieser Film leider real ist und in Berlin spielt. Wenn man sie durchliest, wenn auch kurz abgehandelt, so wird klar, wie gefährdet die Sicherheit der Hauptstadt damals schon war und welche Lehren die Sicherheitsbehörden bereits damals hätten ziehen müssen. Denn diese Zustände unterscheiden sich nicht von den gegenwärtigen in Berlin. Ja, vor Jahrzehnten haben sich Kriminelle in Berlin auch schon gegenseitig niedergestochen oder verprügelt und auch mit Maschinenpistolen beschossen. Doch wegen des damals klaren Lagebilds war schnell herauszufinden, wer für welche Tat infrage kam. Dann klickten Handschellen, der Übeltäter saß im Gefängnis, und es herrschte erst einmal Ruhe. Wenn es heute bei den Clans zu vergleichbaren Auseinandersetzungen kommt, ist die Polizei in höchster Alarmbereitschaft. Denn sie muss jederzeit damit rechnen, dass die Sache eskaliert und es zu weiteren Rache- und Vergeltungsaktionen kommt. Die Situation in der Stadt ist eben extrem unübersichtlich, weil es kein aktuelles Lagebild gibt.

Die Zwischenfälle, die Henninger für seinen Aufsatz zusammengetragen hat, zeigen, mit welcher Ignoranz vor Leib und Leben anderer Menschen im Clan-Milieu vorgegangen wird.

Die Neunzigerjahre

In den Jahren kurz nach dem Mauerfall musste sich die Berliner Polizei gewissermaßen neu erfinden, schließlich waren zwei einst verfeindete Stadtteile zusammengerückt. Der Ostteil sah sich Kriminalitätsfeldern gegenüber, die es in einer Diktatur so nicht gegeben hatte – Drogenhandel und Prostitution beispielsweise. Der Westen musste sich mit Regierungskriminalität der ehemaligen DDR beschäftigen. Die Hausbesetzerszene fand sich zusammen und brachte mit den Aktionen rund um die Mainzer Straße bürgerkriegsähnliche Zustände in den Ostteil der Stadt. Hinzu kam das Misstrauen der West-Berliner Beamten: Wer von den neuen Kollegen war »nur« Polizist gewesen, wer hatte zudem für das Ministerium für Staatssicherheit gearbeitet? Gerade für die ehemaligen Volkspolizisten und Angehörigen der »K« – der Kriminalpolizei – ergaben sich völlig neue und bis dato unbekannte Phänomene. Vor diesem Hintergrund konnte die Kriminalität arabischer Clans ungehindert wachsen:

- Araber und Türken beschießen sich im Juni 1991 in einem Lokal im Stadtteil Schöneberg mit scharfen Waffen. Es gibt drei Verletzte, nach der Untersuchung des Tatorts wird das Drogenkommissariat in die Ermittlungen eingebunden, weil Rauschmittel sichergestellt wurden.

- 1992 muss sich die Polizei mit einer Auseinandersetzung zwischen zwei Großfamilien beschäftigen, die drei Schussverletzte fordert sowie einen Verletzten durch Messerstiche. Es ging bei dem Streit offenbar um vier Kilogramm Kokain.

- Im Oktober 1992 stürmen zwei Angehörige einer

Großfamilie mit einer Schrotflinte und einer Pistole in ein Lokal, erschießen einen Mazedonier und verletzen einen anderen schwer. Eintreffende Beamte sichern Heroin und Blanko-Geburtsurkunden aus dem Libanon mit dazugehörigen Siegeln.

- Im Januar 1995 kommt es in einer Diskothek in der Berliner City zu einer Schießerei zwischen Türken und einer arabischen Sippe. Ein Mann wird verletzt. Offenkundig geht es darum, welche der beiden Personengruppen den Sicherheitsdienst an der Tür des Lokals führen darf. Im Anschluss wird als Racheakt das Lokal einer der beteiligten Parteien in einem anderen Stadtteil verwüstet.

- Im März 1995 wird ein Mitglied der Familie El-Zein in einem Neuköllner Lokal erschossen. An der vorausgegangenen Schlägerei waren 20 bis 30 Personen beteiligt. Dieser Fall macht auch deutlich, dass die Angehörigen mit unterschiedlichen Schreibweisen ihres Familiennamens unterwegs sind, was die Ermittlungen der Polizei erschwert.

- Ende August 1995 wird ein Palästinenser in Neukölln niedergeschlagen und durch Messerstiche lebensgefährlich verletzt, weil seine Angreifer ihn einer verfeindeten Familie zuordneten. Nach der Klärung des Verwandtschaftsgrads wird ihm von Vertretern der Täter eine Entschädigung in Höhe von 15.000 D-Mark angeboten.

- Ein Mitglied des Clans Al-Zein wird von Angehörigen einer verfeindeten Großfamilie erschossen. Zwischen den beiden Parteien wird eine Entschädigungssumme von 300.000 D-Mark vereinbart. Die Familie des Täters kann die Summe letztlich aber nicht aufbringen. Zwei Brüder des Opfers erschießen in der Folge im März 1996 ein Mitglied des rivalisierenden Clans auf einer Tankstelle.

- Im März 1996 kommt es zu einem Anschlag mit einer Handgranate auf eine türkische Diskothek. Im Juni eskaliert die Situation, es kommt zu einer Schießerei zwischen arabischen Kurden und Türken. Drei Araber werden verletzt. Ein sogenannter Friedensrichter – eine neutrale Person aus dem muslimischen Kulturkreis – vermittelt an den deutschen Behörden vorbei zwischen den verfeindeten Parteien; die Polizei kann den Fall nicht abschließen.

- Im Mai 1996 schießt sich der Libanese Ali E. angeblich selbst in den Kopf, als er in Gegenwart anderer Libanesen Waffen vorführt. Ali E. hatte in der Vergangenheit mit der Polizei zusammengearbeitet. Einer seiner Landsleute übergibt später die Waffen der Polizei – frisch gereinigt. Eine andere Familie übernimmt den Transport der Leiche in die Heimat Libanon, und die Polizei kann den Fall daher nicht mit einem eindeutigen Ergebnis abschließen.

- Anfang Juli 1996 kommt es zu einer Schlägerei zwischen Palästinensern und libanesischen Kurden. Die Feindschaft gipfelt am Tag darauf in einer Fortsetzung vor einem Lokal, in deren Verlauf ein Palästinenser niedergeschossen wird. Zwei Stunden später beschießen sich die Kontrahenten erneut im gleichen Stadtteil mit Maschinenpistolen. Projektile schlagen in höher gelegene Stockwerke anliegender Häuser ein.

- Im Juli 1996 schießt ein libanesischer Kurde einen Sinti nieder – eine Verwechslung. Denn der Anschlag galt eigentlich einem Führungsmitglied der Sinti-Gruppierung, das später festgenommen wird, als es einem Kontaktmann Falschgeld im Wert von einer Million D-Mark übergibt. Dieser Kontaktmann ist jedoch ein verdeckter Ermittler des Landeskriminalamts. Die Beamten durchsuchen in der Folge stadtweit zahlreiche Objekte und stellen mehrere Waffen sicher. Bei einer Schießerei nur Tage später vor einer türkischen Diskothek gehen Kontrahenten mit insgesamt fünf Schusswaffen aufeinander los. Eingesetzte Beamte stellen mehr als fünfzig Patronenhülsen sicher. Eine Woche später setzt sich die Fehde vor einer anderen türkischen Disko fort, wobei mehrere Männer durch Schüsse verletzt werden.

- Der türkische Betreiber eines Cafés im Stadtteil Wedding weigert sich, sein Lokal an eine Clan-Familie zu übergeben, die die Räume vermutlich für fragwürdige Geschäfte nutzen will. Am 16. Dezember 1997 stürmen unter anderem vier Söhne dieser Familie im Alter zwischen 15 und 25 Jahren in das Lokal und feuern – auch aus einer Maschinenpistole – mehr als zwanzig Schüsse über die Köpfe der anwesenden Gäste ab. Sie werden später festgenommen, versuchen während der Fahrt zum Polizeigewahrsam, aus dem Mannschaftswagen zu fliehen. Obwohl sie gefesselt sind, verletzen sie mehrere Beamte. Erst nach einer Notbremsung und Unterstützung anderer Polizeikräfte kann die Situation unter Kontrolle gebracht werden. Der türkische Café-Betreiber bekommt in der Folge Besuch von einem neutralen Friedensrichter, der eine finanzielle Entschädigung dafür bietet, dass die belastende Aussage zurückgezogen wird. Der 15-jährige Täter befindet sich drei Wochen nach der Tat auf freiem Fuß und wird erneut festgenommen, als er bei einer Bank insgesamt 146.000 D-Mark in kleinen Stückelungen in große Scheine umtauschen will.

- Am 21. Mai 1998 wird dem 16-jährigen Deutschen Mahmoud B. von einem Türsteher der Zutritt zu einer privaten Geburtstagsfeier verwehrt. Der Jugendliche kehrt später in Begleitung eines Freundes – ungeklärte Staatsangehörigkeit – zurück. Die zunächst verbale Auseinandersetzung ufert in eine Schlägerei aus, in deren Verlauf Mahmoud B. eine Waffe zieht und den flüchtenden Türsteher erschießt.

- Am 15. März 1999 konfrontiert der staatenlose Sami M. drei Deutsche einer arabischen Familie im Stadtteil Moabit mit dem Vorwurf, ein Angehöriger ihres Clans habe als Türsteher seinem Bruder den Zutritt zu einer Lokalität unweit des Kurfürstendamms verwehrt. Die Situation eskaliert: Der herbeigerufene Bruder von Sami M. wird von einem der drei Araber erschossen. Dieser feuert vor seinem Tod zurück, jedoch ohne Schaden anzurichten. Die Schwester des Opfers und ein weiterer Begleiter werden verletzt, die Täter verschanzen sich in ihrem Ladengeschäft, während die Kontrahenten versuchen, die Tür mit Macheten einzuschlagen. Die Polizei kann einschreiten, bevor es weitere Opfer gibt. Da dem Todesschützen zugerechnet wird, in Notwehr geschossen zu haben, wird gegen ihn nur wegen Verstoßes gegen das Waffengesetz und fahrlässiger Körperverletzung ermittelt. Das Urteil: ein Jahr Haftstrafe auf Bewährung. Der Gegenschlag lässt nicht lange auf sich war-

ten: Am 15. Juli fahren vier Angehörige des Todes-
opfers vor einem Lokal im Stadtteil Charlottenburg
vor und schießen auf ein vermeintliches Mitglied der
verfeindeten Familie. Dessen Wade wird von einem
Projektil getroffen. Obwohl er die Täter zunächst
benennt, kann er sie bei einer späteren Gegenüberstellung nicht identifizieren.

Die Jahrtausendwende

Zu Beginn des neuen Jahrtausends hatte sich die Polizei
in Berlin bereits eingespielt, die Organisierte Kriminalität war jedoch zunehmend spürbar. Das Geschäft mit
der Prostitution lief auf Hochtouren. Osteuropäische
Strukturen strömten nach Berlin, und die Hauptstadt
hatte es damals immer noch mit einer radikalen linken
Szene zu tun. Die Mai-Krawalle waren von Gewalt
geprägt. In dieser Zeit stellten sich auch die Clans auf
breitere Beine und fielen durch Gewalttaten auf:

- So rammt ein berüchtigtes Clan-Mitglied – er ist
  deutscher Staatsangehöriger – im Februar 2001 an
  einer Tankstelle das Fahrzeug eines Niederländers,
  bestreitet jedoch seine Schuld und entfernt sich vom
  Unfallort. Wenig später kehrt er mit mehreren Männern zurück. Der Niederländer wird bedroht und
  flüchtet in den Verkaufsraum der Tankstelle, wo er
  von seinen Verfolgern mit Fäusten, Fußtritten und
  Flaschen malträtiert wird. Er erleidet erhebliche Verletzungen. Der Angreifer taucht später im Krankenhaus auf und will sein Opfer zur Rücknahme der Anzeige bewegen. Ferner drängt er in der Tankstelle auf
  die Herausgabe des Überwachungsvideos und bietet

dafür Reisen und Bargeld. Als er festgenommen werden soll, fährt er rückwärts auf einen Polizeibeamten zu, der sich mit einem Sprung zur Seite retten kann. Das Clan-Mitglied wird wegen gefährlicher Körperverletzung, Widerstands gegen Vollstreckungsbeamte und Unfallflucht zu drei Jahren Haft verurteilt, wobei die Reststrafe wegen der zuvor abgesessenen Untersuchungshaft zur Bewährung ausgesetzt wird.

- Im April 2001 will eine Funkwagenbesatzung Issa R. wegen eines defekten Lichts an seinem Fahrzeug kontrollieren. Die Beamten werden in der Folge von zehn Personen derart bedrängt, dass sie ihre Maßnahmen erst durchsetzen können, als sie von Kollegen unterstützt werden. Issa R. zu den Polizisten: »Ich ficke dich in den Arsch und deinen Präsidenten auch.«

- Eine Streitigkeit um Geld eskaliert im Beisein eines Friedensrichters am 6. Mai 2001 auf einem Parkplatz im Stadtteil Wedding. Es fallen Schüsse, ein Mann wird verletzt, doch einen Schützen will niemand gesehen haben.

- Am 14. Januar 2002 stoppen Polizeibeamte das Fahrzeug des Libanesen Abbas A. gewaltsam durch Schüsse auf die Reifen, nachdem er zuvor mit zwei Insassen mehrere Kontrollstellen der Verkehrspolizei durchbrochen hatte. Eine Polizistin kann sich nur durch einen Sprung zur Seite retten. Sechs Monate später versucht sich Abbas A. an einem Handtaschenraub, wirkt geistesgestört und leistet bei seiner Festnahme erheblichen Widerstand. Er kommt dabei ums Leben. Die Behörden ordnen eine sofortige Obduktion an, und die Gerichtsmediziner kommen zu dem Ergebnis, dass er durch eine Kokainvergiftung starb. Seine Familie streut indes das Gerücht, die Beamten hätten ihn totgeprügelt.

- Am 11. April 2002 parkt der Türke Erdal K. sein Cabrio am Kurfürstendamm und wird von mehreren Personen mit einem Baseballschläger angegriffen. Es gelingt ihm zunächst, sich in sein Fahrzeug zu retten und zu flüchten. Doch die Angreifer nehmen mit ihrem Auto die Verfolgung auf. Es kommt zum Schusswechsel, ein zufällig am Straßenrand stehender Polizeibeamter wird verletzt, offenbar durch die Waffe von Erdal K., die später gefunden und sichergestellt wird. Eine weitere Kugel durchschlägt eine Schaufensterscheibe. Erdal K. will sich später in den Vernehmungen nicht zu den Hintergründen der Attacke auf ihn äußern. Er kann die Angreifer nicht identifizieren und zur anberaumten Gegenüberstellung erscheint er nicht. Die Ermittlungen zu den Angreifern führen zu Angehörigen mehrerer Mitglieder arabischer Großfamilien.

Die Gegenwart

Heute haben die Clans Berlin fest im Griff, ihre aufsehenerregenden Taten finden sich regelmäßig auf den Titelseiten der lokalen Zeitungen. Und es sind immer wieder Taten, die dem »normalen« Bürger Angst machen – weil es eben sehr schnell passieren kann, mitten in die Auseinandersetzungen zu geraten:

- So wird die Polizei im Mai 2019 von Zeugen zu der Shisha-Bar »The Paris Premium« in den Berliner Stadtteil Charlottenburg gerufen. Dort randalieren

vier Männer. Das Lokal gehört einem früheren Fuß-
ballprofi. Die Polizei trifft ihn zusammen mit einem
Mitglied der Familie Abou-Chaker an – bei beiden
werden Messer sichergestellt.

- Im gleichen Monat überprüfen Polizisten einen
dunklen Porsche im Bezirk Neukölln. Der Grund
dafür war die Beobachtung, dass ein uniformierter
Kollege von ihnen in das Fahrzeug gestiegen war –
in diesem saß ein Freund der Familie Remmo. Die
Hintergründe für dieses Zusammentreffen sind noch
nicht ausermittelt.
- Ebenfalls im Monat Mai wird die Kriminalpolizei zu
einer Grundschule in Berlin-Biesdorf gerufen. Dort
war zuvor das Kunstwerk *Goldenes Nest* im Wert
von 28.000 Euro gestohlen worden. Die Behörden
gehen davon aus, dass die Schule zuvor von Angehörigen der Familie Remmo ausgekundschaftet worden war.
- Mitte Mai wird ein Mann an der Neuköllner Schin-
kestraße beschossen, er wird in die Hüfte getroffen.
Bei ihm wird schließlich eine Waffe beschlagnahmt.
Auch dieser Zwischenfall wird von der Polizei den
Rivalitätskämpfen der Clans zugeordnet.

Diese Auflistung – es gab sicher weitere Taten, die gar
nicht bekannt wurden, weil sie im Nachgang von Friedensrichtern verhandelt wurden – macht deutlich: Die
Clans kämpften und kämpfen mit allen Mitteln untereinander um die Vormachtstellung in Berlin. Sie nehmen keine Rücksicht auf das Leben ihrer Kontrahenten, sie greifen auch deren Verwandte an, um Rache zu
nehmen. Sie scheren sich nicht um die geltenden Gesetze in Deutschland oder um das Leben von Polizis-

ten oder arglosen Passanten, die einfach zur falschen Zeit am falschen Ort sind. Indem sie ihre Kämpfe in der Öffentlichkeit mit scharfen Schusswaffen austragen, zeigen sie, dass ihnen das Leben Unschuldiger völlig egal ist. Hinzu kommt, dass diese Fehden und Auseinandersetzungen von Hass geprägt sind und die Schüsse mit enormer Wut abgegeben werden, wobei den meisten Tätern eine professionelle Ausbildung an Waffen fehlt und es ihnen gar nicht möglich ist, »gezielt nur« auf ihren Feind zu feuern, sodass sie vielmehr wilde Salven abgeben. Dafür spricht, dass die Opfer oft nicht gezielt getroffen werden, sondern Projektile auch in Hauswände oder Autos einschlagen. In denen »normale« Bürger mit ihren Kindern auf dem Weg zum Einkaufen sitzen können.

Das Tragische daran ist, dass der Polizeibeamte Markus Henninger bereits vor vielen Jahren vor den »Medusa Clans« gewarnt hat, aber seine Rufe leider verhallten.

Was die Sicherheitsbehörden jetzt, im Jahr 2019, dringend brauchen, ist ein Lagebild für die gesamte Hauptstadt: Wer kennt wen? Wer macht mit wem Geschäfte? Es ist zumindest in Arbeit. Jetzt, so viele Jahre nach der fundierten Warnung des Kriminalbeamten Henninger. Doch es muss auch darüber hinausgehen, es muss viel mehr geschehen, denn die Clans stoppen nicht an der Stadtgrenze, sondern strecken ihre Fühler nach allen Städten aus, in denen sie ihren Geschäften nachgehen und Geld verdienen können.

Doch gerade in Berlin verhallen die mahnenden Worte von Experten immer wieder gerne. Weil sich die Politik von Legislaturperiode zu Legislaturperiode schleppt in der stillen Hoffnung, dass sich gewisse Probleme von allein erledigen. Aber das tun sie nicht. Vergleichbar ist das mit den Warnungen der Polizeigewerkschaften: Sie sprechen seit Jahren an, dass gerade die Berliner Polizei mit ihren hauptstadtbedingten Zusatzaufgaben zu wenig Beamte hat. Wieder und wieder wurden die Listen der Überstunden der Beamten veröffentlicht, es wurde die Überalterung der Polizisten angesprochen, ebenso die mangelnde Ausrüstung. Wer sich einmal in einem der Berliner Shops aufhält, in denen Ausrüstungsgegenstände für den militärischen und polizeilichen Einsatz verkauft werden, kann sehen, wie tief die Beamten in die eigene Tasche greifen, um sich fehlende Kleinigkeiten zu kaufen, um beispielsweise ihre Schutzweste zu optimieren oder bessere Gürteltaschen für ihre Ausrüstung zu erwerben.

Erst im Juli 2019 hat die Gewerkschaft der Polizei erneut vor einer wichtigen Schieflage gewarnt: dass die Bereitschaftspolizei der Hauptstadt ob zu vieler Einsätze, Alarmierungen und Dienstzeitverlängerungen kaum noch zum Trainieren kommt. Man erinnere sich: Vor wenigen Jahren wurden diese Hundertschaften eigentlich nur bei Großdemonstrationen und den Mai-Krawallen eingesetzt. Heutzutage reiht sich Einsatz an Einsatz. Fußballspiele. Staatsbesuche. Und eben auch die Sicherungen bei Aktionen gegen die Clan-Kriminalität.

Training ist dringend nötig. Abläufe müssen eingeübt werden, wieder und wieder. Die Beamten müssen sich blind kennen und vertrauen können. Es müssen Aufgaben je nach Fähigkeit vergeben und eingespielt werden, damit es im Ernstfall auch wirklich klappt.

Doch im ersten Halbjahr des Jahres 2019 blieben den Berliner Bereitschaftspolizisten gerade einmal 14 Prozent ihrer Dienstzeit, um sich auf die immer vielfältiger werdenden Lagen vorzubereiten. Berlin liegt damit weit unter den 25 Prozent, die auf Bundesebene vereinbart wurden.

Die Polizeigewerkschaft (GdP) kritisiert vor allem, wie so oft, die nicht vorhandene Fürsorge durch den Dienstherrn. »Es kann nicht sein, dass wir für jeden Murks eine Hundertschaft abstellen, das notwendige Training aber auf ein Minimum eingestampft wird«, so der stellvertretende Berliner GdP-Landeschef Stephan Kelm. 2,5 Millionen Dienststunden hatten die Bereitschaftspolizisten – 16 Hundertschaften und zwei technische Einheiten – in den vergangenen zwei Jahren abgeleistet. Auf das Training entfielen davon gerade einmal 300.000 Stunden. Früher, so der Gewerkschafter, hätten diese Polizisten mit Dienstpistole und Maschinenpistole agiert. Mittlerweile müssen sie aber auch mit Sturmgewehren hantieren, und das muss trainiert werden. Die Arbeitsbelastung steigt stetig, nicht nur, aber auch wegen der arabischen Clans.

Um der Bevölkerung zu suggerieren, dass das Thema jetzt endlich ernst genommen wird, müssen die Bereitschaftspolizisten immer wieder ran. Martial muss es aussehen. Nicht selten werden aus freien Tagen Arbeitstage, an denen es dem Dienstherrn egal ist, wie das Polizistenkind in den Kindergarten kommt. Immer häufiger müssen Hundertschaften in öffentlichen Schwimmbädern für Ruhe sorgen, weil muslimische Jugendliche Streitigkeiten anzetteln und es zu Ausschreitungen kommt. Ein Fass ohne Boden.

Berlin hat nicht zugehört, als es um die frühen Prognosen zur Clan-Kriminalität ging. Berlin hat in all den Jahren nicht auf die Forderungen der Gewerkschaften gehört. Berlin hat die Polizei zusammengespart. Die Organisierte Kriminalität hingegen hat sich in der Landeshauptstadt festgesetzt und abgeschottet. Keine guten Aussichten für die Zukunft.

Geschäftsfeld Drogenhandel

Henninger fiel bei seiner Aktenkunde auf, wie dominant der Handel mit Drogen und Kokain ist. Laut polizeilicher Kriminalstatistik führten Anfang bis Mitte der Achtzigerjahre »libanesische Tatverdächtige die absoluten Fallzahlen im BtM-Handel und Schmuggel noch vor den türkischen Tatverdächtigen an«, obwohl sie lediglich ein Dreißigstel der türkischen Berliner Bevölkerung ausmachten. Erst Ende der Achtziger- bis Anfang der Neunzigerjahre kehrte sich dieser Trend um, sodass türkische Tatverdächtige, was die absoluten Zahlen betrifft, »in diesem Deliktsbereich bis zu sechsmal so stark« vertreten waren. Seit Anfang der Neunzigerjahre geht in Berlin der Trend jedoch wieder eindeutig in Richtung libanesische und »ungeklärte« beziehungsweise staatenlose Tatverdächtige, die hinsichtlich der absoluten Fallzahlen die türkischen Tatverdächtigen deutlich hinter sich gelassen haben. Für Berlin muss daher konstatiert werden, dass der Straßenhandel, zumindest mit Heroin, von Tätern beherrscht wird, die entweder im Libanon geboren worden sind oder deren Eltern aus dem kriegsgebeutelten Land stammen. In diesem Deliktsbereich werden zehnmal mehr Menschen mit libanesischem beziehungsweise ungeklärtem Hintergrund straffällig als Menschen mit türkischer Staatsangehörigkeit.

Schon 2003 wurde deutlich, dass diese Gruppierungen ihre Dominanz nicht nur beim Verkauf von Drogen auf der Straße zeigten, sondern auch durch großangelegte Schmuggelaktionen von Drogen aus Südamerika, und das mehr als professionell und vorausdenkend sowie äußerst strategisch. Im Jahr 2000 beschlagnahmten die Sicherheitsbehörden zehn Kilogramm Kokain, das von Paris aus eingeschleust werden sollte. Hinter diesem Coup stand eine libanesisch-kurdische Großfamilie. Es gab Durchsuchungsbeschlüsse bei dem Organisator, einem Sozialhilfeempfänger. In einem Bankschließfach wurden 415.000 D-Mark Bargeld entdeckt. Die Beamten beschlagnahmten zudem eine Luxuslimousine.

Die Professionalität der Täter hat Henninger bereits vor mehr als einem Jahrzehnt erkannt und öffentlich gemacht. Die Arbeit innerhalb der Familie wird aufgeteilt: Beschaffung, Lagerung, Transport. Die Clans arbeiten in ihren Refugien. Es gibt Hierarchien in den Großfamilien. Die Älteren übertragen Aufgaben auf der Straße dem Nachwuchs, agieren als Chefs. Die großen Aktionen werden nur vom absoluten »Inner Circle« geplant und abgewickelt. Soldaten, die mit kleineren Aufgaben betraut werden und auch anderen Nationalitäten angehören können, gibt es nur auf unterer Ebene. Das ist bis heute so geblieben. Das »Fußvolk« kann schließlich notfalls geopfert werden, denn im Falle einer Festnahme würden sie die Drahtzieher niemals nennen. Teils aus Angst, aber vor allem auch weil ein entschlossener, aber auch loyaler Soldat nach Verbüßung seiner Strafe es zu etwas bringen kann. Das können materielle Belohnungen sein oder die Verantwortung für eine größere Aufgabe. Oftmals reicht allein die Hoffnung, in der Hierarchie aufsteigen zu können.

Die Kontakte der Clans sind schon lange international. Also nicht nur ins Ruhrgebiet oder in die Hansestadt Bremen, sondern auch in die Niederlande, in die Schweiz, in die skandinavischen Länder, die Türkei und den Libanon und ganz besonders nach Brasilien und Paraguay – die Heimat des weißen Gifts Kokain. Unzählige Akten hat Henninger ausgewertet, analysiert und zusammengetragen. Sein Ergebnis: Die Verbindungen ins Ausland werden mit dortigen Angehörigen der entsprechenden Clans gehalten.

Henninger beruft sich in seinem Aufsatz auf vorsichtige Schätzungen des libanesischen Außenministeriums, wonach bereits zur Zeit des Erscheinens seiner Ausführungen etwa acht Millionen Diaspora-Libanesen gezählt werden. In Brasilien sollen damals bereits drei bis sechs Millionen Libanesen gelebt haben. Und auch die südamerikanischen Sicherheitsbehörden sollten ihre Probleme mit den Libanesen bekommen – laut dem Papier ermittelte die brasilianische Bundespolizei ab 1992 gegen die sogenannte Libanesen-Connection, die »sich als kriminelle Organisation mit internationalem Drogenhandel, Raubüberfällen, Wirtschaftsbetrug, Dokumentenfälschung und Pkw-Diebstählen in Südamerika, den USA, dem mittleren Orient und Europa beschäftigte«.

Das große Problem für die Behörden: Kein Polizist, möge er noch so gut ausgebildet oder gar selbst orientalischer Abstammung sein – niemand dringt in den »Inner Circle« ein. Selbst dann nicht, wenn er aus dem Libanon stammt und eine gute Legende für die Arbeit eines verdeckten Ermittlers mit sich bringt.

Geschäftsfeld Prostitution

Unweit des Kurfürstendamms, an der Kurfürstenstraße mit ihren Nachbarstraßen, macht sich das Elend auf den Gehwegen breit. Unzählige Frauen aus Rumänien, Bulgarien und Ungarn verkaufen hier ihre Körper. Man verspricht den jungen Frauen in der Prachtstadt Berlin anständige Jobs und die Aussicht auf ein besseres Leben. Doch am Ende landen sie in kleinen Wohnungen, in denen so viele Mädchen wie möglich untergebracht werden, und sie arbeiten nicht in Cafés, sondern auf der Straße. In einer Gegend, in der man nicht leben möchte, zwischen Kampfhunden, Fixernadeln und Urin in den Hauseingängen. Der Sex ist schnell und billig. Schon ab 20 Euro kann sich der mutige Freier ein Mädchen vom Straßenrand in sein Auto holen. Das Geschäft floriert.

Die Zuhälter stammen ebenfalls aus Osteuropa. Sie haben ihren Huren etwas zu sagen, jagen ihnen Angst ein. Aber sie stehen nicht an der Spitze der Hierarchie; das sind die Clans. Denn wenn in der Stadt illegales Geld verdient wird, womit auch immer, dann treten die Clans auf den Plan. Und mit Prostitution ist viel Geld zu machen. Ein Zivilbeamter, der anonym bleiben will, sagt mir: »Es gibt einen stadtbekannten Araber, der ist selbst kein Clan-Mitglied. Der hat das absolute Sagen in der Kurfürstenstraße und der Umgebung. Er hat sich durch unglaubliche Brutalität einen Namen in der Stadt gemacht, seine Familie steht hinter ihm. Und er ist befreundet mit einem Führungsmitglied eines der mächtigsten und bekanntesten Clans von Berlin.« Er erzählt weiter von Standgebühren pro Frau und Areal und dass sich die Clan-Mitglieder die Finger nicht schmutzig machten, sondern das Geld von den bulgarischen, ungarischen und rumänischen Zuhältern abholten: »Sie leben von ihrem Ruf. Wenn sich ein ausländischer Zuhälter widersetzt, wird er eben einen Kopf kürzer gemacht.« Das bedeutet Bestrafungsaktionen – mindestens schwere Prügel, gebrochene Gliedmaßen. Gerüchten nach verschwinden manche Menschen auch …

Wie viele andere fordert auch dieser Polizist ein generelles Messerverbot, denn »fast jeder dieser Clan-Typen hat eine Klinge bei sich«. Mit einem solchen Verbot könnten die Beamten bei jeder Kontrolle nach dem Feststellen eines Messers eine Anzeige schreiben – ein weiterer nerviger Nadelstich für die Clans durch das Ausschöpfen von rechtlichen Mitteln. Er glaubt, dies würde dazu beitragen, dass in Berlin nach und nach Ruhe einkehrt. »Aber bei unseren Gerichtsurteilen lachen die sich doch einen Ast über uns«, findet er. Kriminaldirektor Dirk Jacob vom Berliner Landeskriminalamt kennt diese Probleme leider nur zu gut: »Ein Mitglied einer stadtbekannten Großfamilie wurde nach dem Überfall auf das Pokerturnier am Potsdamer Platz zu einer mehrjährigen Haftstrafe verurteilt. Aber nach nur einem Jahr ist er bereits im offenen Vollzug.«

Hier sitzt das eigentliche Problem. Sicherlich müsste im Hinblick auf die Erhellung der illegalen Finanzwege umgedacht und die bereits erwähnte Beweislastumkehr eingeführt werden. Letztlich würden die geltenden Gesetze allerdings ausreichen, wenn sie konsequent angewandt würden.

Würden alle von der Polizei und Staatsanwaltschaft zusammengetragenen Beweise zur Auswertung vor Gericht nicht dadurch entkräftet werden, dass Zeugen gekauft oder derart eingeschüchtert werden, dass sie ihre Aussagen zurückziehen, dann gäbe es auch mehr Verurteilungen. Zu oft werden Beschuldigte bis zum Prozessbeginn auf freien Fuß gesetzt, weil wegen solider Familienverhältnisse keine Fluchtgefahr erkannt wird. Dass diese Zeit vor dem gerichtlichen Verfahren genutzt werden kann, um die zur Last gelegte Tat zu verschleiern, liegt auf der Hand. Es muss dafür gesorgt werden, dass sich Zeugen wieder sicher fühlen – damit sie zu ihren Aussagen stehen und somit zu einer Verurteilung der Täter beitragen.

Ein schwarzer Tag für die Berliner Polizei

Der 23. April 2003 sollte der Tag sein, der bei der Berliner Polizei und auch bei den Bürgern die Erkenntnis erbrachte, dass es nicht nur kriminelle Araber gibt, sondern dass diese im Konkurrenzkampf miteinander stehen und zudem bereit sind, diesen in der Öffentlichkeit auszutragen.

Auch mich hat dieser Zwischenfall im Nachhinein stark beeinflusst, weil ich durch ihn gute Freunde bei der Polizei kennenlernte. Freunde, die mir beschrieben, was genau passierte, wie sie diesen Tag erlebten und welche persönlichen Folgen dieser Vorfall für die Einzelnen hatte und immer noch hat.

Auch Martin Textor denkt heute noch daran, er kann sich an jede Minute dieses Tages erinnern. Leider, wie er sagt. Der Mann gilt als Legende bei der Berliner Polizei. Als Beobachter war er schon dabei, als Terroristen in München im Jahr 1972 das Massaker an den israelischen Sportlern verübten. Da ging etwas in ihm um. Es berührte ihn, zumal er wusste – und spätestens in München mit eigenen Augen hatte mitansehen müssen –, dass die Deutschen keine Spezialeinheit hatten, die sich Terroristen hätte entgegenstellen können. Nach jener Terroraktion wurde unter der Führung von Ulrich K. Wegener, einem Offizier des Bundesgrenzschutzes, die GSG 9 als erste deutsche Antiterroreinheit erschaffen, aber auch vergleichbare Einheiten für jedes Bundesland, die Spezialeinsatzkommandos, kurz SEK.

Bereits im Januar 1973 war Textor der 1. Teamführer des SEK Berlin. Er lag stundenlang in Fabrikgeländen auf der Lauer, um die Angehörigen der linksterroristischen »Bewegung 2. Juni« festzunehmen. Tatsächlich war er an der Verhaftung zweier Täter persönlich beteiligt. Bis zu seiner Pensionierung leitete er das Landeskriminalamt 6, dem alle Berliner Spezialeinheiten unterstehen: das SEK, das Mobile Einsatzkommando (MEK), das damalige Präzisionsschützenkommando (PSK) und die Spurensicherung. Ein Mann, der selbst aus der Truppe kam und sich das begehrte Abzeichen des SEK – die Schwinge mit dem Berliner Bären – verdient hatte.

»Wir wussten seit den Achtzigerjahren, dass es arabische Kriminalität in Berlin gab und dass wir immer häufiger Araber festnahmen, die nicht abgeschoben werden konnten«, erzählt er. Zumeist waren das damals schon aufgepumpte und muskelbepackte Männer mit kurz rasierten Haaren aus der Türsteherszene. Schon um die Jahrtausendwende wurde laut Textor bei den Behörden zunehmend klar, »dass das keine in sich gefestigte arabische Mafia war, sondern dass mehrere einzelne Stränge die Stadt unter sich aufteilten«. Daher war damit zu rechnen, dass früher oder später Revierkämpfe stattfinden würden.

Tod im Kugelhagel

Ausgerechnet seine Einheit musste das im wahrsten Sinne des Wortes am eigenen Leib erfahren. Es war der 23. April 2003, und das 4. Team des SEK Berlin sollte einen Angehörigen einer berüchtigten Großfamilie an der Kienitzer Straße im Berliner Stadtteil in dessen Wohnung festnehmen. Er war zuvor mit Angehörigen der Familie Al-Zein – dem Clan von Mahmoud Al-Zein alias »Der Präsident« – in eine Messerstecherei verwickelt gewesen. Es gab zudem Hinweise aus abgehörten Telefonaten, dass es deshalb zu Racheaktionen der Al-Zeins kommen würde. Dass solche Fehden mit Waffen ausgetragen werden, war bekannt. Und immer wenn Waffen im Spiel sind, wird das Spezialeinsatzkommando hinzugezogen.

»Es war ein Routineeinsatz für uns«, berichtet Textor, also eine ganz normale Sache. Die betreffenden Wohnungen waren vom MEK aufgeklärt worden, man wusste, dass es um zwei Apartments im gleichen Haus ging. Das Team wurde losgeschickt, unweit des Mehrfamilienhauses stoppten die zivilen Fahrzeuge der Elitepolizisten. Es folgte das normale Prozedere: Aufrüsten, Westen an, Sturmhauben aufsetzen, Waffen kontrollieren. Jeder hatte schon eigene Pläne im Kopf – Sport machen, einen Film ansehen auf der Wache –, wenn alles vorbei wäre. »Wir sind immer mit dem Gefühl in den Einsatz gegangen, dass uns niemand etwas kann. Wir waren und sind bestens trainiert und ausgebildet. Haben mit der GSG 9 gearbeitet, mit den Navy SEALS, der französischen GIGN, mit SWAT-Teams in Amerika«, erinnert sich der ehemalige Polizist. »Wir haben uns untötbar gefühlt.«

Zwei Wohnungen sollten zeitgleich gestürmt werden, auf die Sekunde genau. Einer aus dem Trupp für die untere Wohnung hatte seinen Helm nicht dabei, also ließ der Teamführer kurz vor dem Zugriff die Aufstellung ändern und schickte Roland Krüger – Spitzname »Bulette« – an die erste Stelle. Er sollte die Tür mit dem schweren Einsatzschild einschlagen, mögliche Pistolenkugeln damit abfangen und seinen Kameraden einen sicheren Zugang zur Zielperson ermöglichen. Dann flog die Tür auf, Krüger rannte als Erster in den Raum – und damit in den Tod.

Während seine Kollegen eine Etage über ihm eine leere Wohnung vorfanden, sahen sich die anderen einem Kugelhagel ausgesetzt. Krüger wurde in der zwei Zentimeter großen Lücke zwischen seinem ballistischen Helm und dem Eisenschild, das er sich vor das Gesicht hielt, in die Wange getroffen. Die Kugel trat in der Wirbelsäule aus. Der ehemalige Boxer und Vater einer kleinen Tochter verstarb wenige Tage später im Krankenhaus.

Ohnmächtige Staatsmacht

Doch das war nicht das einzige Leben, das an jenem Tag Schaden nahm, wenn auch den größtmöglichen. Es war auch das Leben des Teamkameraden, der als Rettungssanitäter um Krüger kämpfte und später aufgrund einer posttraumatischen Belastungsstörung nicht nur das Kommando selbst, sondern sogar die Polizei verließ. Es war das Leben des mittlerweile pensionierten Teamführers, der an diesem Tag Krüger an die erste Stelle beordert hatte und sich bis heute fragt, wie alles verlaufen wäre, hätte er die Aufstellung nicht verändert. Die Kugeln von Jassir Ali K., Mitglied einer ebenfalls arabischstämmigen Familie, erschütterten das Empfinden der Elitepolizisten, unverwundbar zu sein. Vor dieser Erkenntnis überwältigten sie jedoch den Täter, und der wurde später wegen Mordes ins Gefängnis geschickt.

»Unfassbar«, so erzählte einer der Beamten später, »war für uns der Umstand, dass sich in Windeseile in der Gegend herumgesprochen hatte, dass ein ›SEK-Bulle‹ erschossen worden war. Und in gleicher Windeseile erschienen mehr als 40, 50 Jugendliche aus dem arabischen Spektrum und feierten seinen Tod. Die brüllten uns entgegen, dass wir unsere Väter ficken sollten.« Es war dieser fehlende Respekt vor der deutschen Staatsmacht, vor den Polizisten, die letztlich auch für diese arabischen Jugendlichen Tag und Nacht in den Einsatz zogen. Es war die Erkenntnis, dass sich diese Menschen vermutlich niemals einfügen würden in die Abläufe dieses Landes – vom regelmäßigen Schulbesuch über das normale Verhalten gut sozialisierten Kindern gegenüber bis hin zu der Tatsache, dass die Polizei nicht beschimpft und angegriffen werden darf. »Sie haben den Tod unseres Kollegen gefeiert. Auf unseren Straßen. Während sie in dieser Stadt leben dürfen, die an diesem Tag einen Mann verloren hat. Es war und ist unfassbar«, so einer der SEK-Beamten.

Auch am folgenden 1. Mai, während der alljährlichen Ausschreitungen, liefen linksautonome Gewalttäter mit Pappschildern durch den brennenden Bezirk Kreuzberg, auf dem der Name des Schützen geschrieben war, der wie ein Held gefeiert wurde. Das habe tief im Herzen gesessen, so ein Teamkamerad von Roland Krüger. Und diesen bitteren Beigeschmack konnte auch nicht dezimieren, dass es einen Trauermarsch mit unzähligen betroffenen Berlinern für Roland Krüger gab. »Wir waren eben nicht mehr unverwundbar. Wir waren tötbar und psychisch verletzbar. Das haben wir vorher so nie wahrgenommen«, erzählte mir einige Wochen später ein befreundeter SEK-Beamter, der bei dem Einsatz dabei war. Es sei klargeworden, dass man es nicht mehr mit unstrukturierten Gangstern zu tun hatte, sondern mit organisierten Kriminellen, die keine Angst vor der Staatsmacht haben, an Waffen kommen und im Knast noch damit prahlen, einen SEK-Mann »mitgenommen« zu haben. Es wurde klar, dass auch ein Routineeinsatz gegen die Clans mit der bewaffneten Übermacht des SEK tragisch enden kann. Dass es plötzlich Gegenwehr gibt.

Aus der Sicht der Polizisten

»Berlin ist arm, aber sexy.« Dieser Satz des damaligen Regierenden Bürgermeisters Klaus Wowereit sitzt bis heute wie ein schmerzender Stachel in den Seelen der Berliner Polizisten. Sicher, für Außenstehende ist Berlin ein schriller und heller Ort mit Theatern, Restaurants und Events.

Aber es gibt auch die dunklen Orte. Berlin ist die Stadt mit der größten Kinderarmut. Nirgendwo in Deutschland stehen Kinder wie hier in den Bezirken des Ostteils der Stadt an Suppenküchen. Dunkel ist Berlin leider auch an vielen Orten, weil die Polizei dort sträflich unterbesetzt ist. Die Bundeshauptstadt verfügt heute über weniger Polizisten für Gesamtberlin, als es zu Zeiten des Kalten Kriegs nur für den Westteil der Metropole gab. So engagiert sie auch sein mögen, stoßen die Ordnungshüter daher immer wieder an ihre Grenzen.

Pro Direktion sind pro Nacht gerade einmal zwei Funkwagen im Einsatz – und das, obwohl Berlin laut einer Erhebung von 2018 der Spitzenreiter in puncto Polizeidichte gemessen auf die Einwohnerzahl ist. In Bayern kommt statistisch gesehen ein Polizist auf 392 Menschen, in Berlin einer auf 209 Bewohner. Hört sich eigentlich gut an. Nur darf man eben nicht vergessen, dass Berlin als Hauptstadt mit den entsprechenden Aufgaben ein völlig anderes Einsatzaufkommen hat als andere Städte. Und dass es eben zahlreiche soziale Brennpunkte gibt, in denen kleinste Konflikte und Zwischenfälle jederzeit eskalieren können. Und eskalieren.

Wird einer zu einem Unfall gerufen und ein anderer zu einer Kneipenschlägerei, dann reißen Löcher auf, die von Kollegen aus anderen Bezirken gestopft werden müssen, manchmal auch von der Bereitschaftspolizei, wenn sie es rechtzeitig schafft.

»Früher«, berichtet ein pensionierter Schutzpolizist, »haben wir die Situationen zu zweit geklärt. Sicher gab es hier und da auch mal Widerstand, aber im Großen und Ganzen hatten die schon alle Respekt vor uns.« Heute sei das anders. Der Gegner habe sich gewandelt. Und eben das, was für einen Polizisten auf der Straße ebenso wichtig sei wie ein rückendeckender Kollege und eine funktionierende Waffe sei auf der Strecke geblieben: der Respekt vor der Staatsmacht. Diese traurige Gewissheit bestätigt sich Tag für Tag auf den Straßen der Hauptstadt.

Steigende Gewaltbereitschaft

Vor wenigen Jahren nahm die Gewalt in den öffentlichen Verkehrsmitteln nicht mehr hinnehmbare Formen an. Die Polizeiführung reagierte entsprechend ihren Möglichkeiten und schickte gemischte Streifen, bestehend aus Polizei und Mitarbeitern der Berliner Verkehrsgesellschaft (BVG), in die schmutzigen und zum Teil beängstigenden Bahnhöfe. Ich war dabei, als eine Gruppe junger Araber gezielt eine Zigarette vor die Füße der Polizisten schnippte und sie provozierte: »Seid ihr die Aufpasser hier? Wir legen euch alle um. Scheißbullen. Und eure Familien auch. Ihr legt euch mit den Falschen an. Weißt du eigentlich, zu welcher Familie ich gehöre?« Dann zogen sie lachend davon.

Zurück blieben drei Männer mit hochroten Köpfen – zwei Polizisten aus Scham und der BVG-Mann aus Wut: »Warum lasst ihr euch das gefallen?« Einer der Polizisten biss in sein mitgebrachtes Pausenbrot: »Weil wir das jeden Tag mehrfach hören. Was sollen wir denn tun?«

Die Polizisten, die tagtäglich auf den Straßen unterwegs sind, angespuckt und beschimpft werden, haben den Kampf zwar noch nicht aufgegeben, wissen aber um dessen Aussichtslosigkeit. »Wenn unsere Politiker abstreiten, dass es in der Hauptstadt No-go-Areas gibt, dann lügen sie schlicht, um ihr eigenes Versagen zu kaschieren.« Das beste Beispiel sei das kürzliche Ableben eines wichtigen Clan-Oberhaupts in Neukölln gewesen. Eine Stunde lang versuchten die Rettungskräfte der Berliner Feuerwehr, den herzkranken Mann nach einem tödlichen Anfall zu reanimieren. Als sie aufgaben, wurden sie von den Angehörigen angegriffen, die Bereitschaftspolizei musste einschreiten.

Es ist eine sich Tag für Tag wiederholende Ohnmacht. »Man fragt sich ernsthaft«, so ein Polizeibeamter, der beim G-8-Gipfel in Rostock von fünfzehn Steinen getroffen wurde und zwei kleine Kinder hat, »warum man das eigentlich noch macht. Wir werden von Berlin aus immer wieder zu Großeinsätzen in andere Bundesländer geschickt. In Gesprächen mit den dortigen Kollegen bekommt man mit, dass Berlin das am schlechtesten zahlende Land ist. Unsere Ausrüstung ist schlecht. Wir hängen logistisch völlig hinterher. Wir schieben einen Berg von Überstunden vor uns her, die wir nicht abbauen können. Unsere Familien haben Angst um uns, weil sie aus den Nachrichten erfahren, welchem Gegner wir uns da jeden Tag in den Weg stellen. Warum machen wir das eigentlich immer noch?« Einer seiner Kollegen ließ sich kürzlich nach Baden-Württemberg versetzen. Er stünde nicht mehr im Steinhagel, sei ein entspannter Dorfpolizist und verdiene einige Hunderter mehr im Monat.

»Ich mache mir auch Sorgen um die Zukunft unseres Landes«, gibt der Berliner Beamte zu bedenken. »Die öffentliche Meinung kippt. Weil die politische Mitte aufgeweicht ist und ihre Wähler nicht mehr bedient, werden die Extremisten rechts und links gestärkt. Vor allem die Rechte.«

Rüpelhaftes und respektloses Benehmen

Es scheint tatsächlich, als würden die Clans unbewusst kostenlosen Wahlkampf für die AfD machen. Eine Katastrophe in den Augen vieler Polizisten. »Klar, man sagt uns immer nach, rechts zu sein. Das ist aber ein Klischee«, so ein Neuköllner Polizist. Keineswegs wolle man in den Diensten eines undemokratischen Staats stehen. Dennoch hätten mehr und mehr Bürger Angst vor den aggressiven Clans und scherten nach und nach alle Ausländer über einen Kamm.

Öl in diesem Feuer sind Vorfälle wie der vor dem Berliner Amtsgericht, als Journalisten 2017 den Prozess gegen Arafat Abou-Chaker und seinen Bruder wegen Bedrohung medial begleiten wollen. Obwohl vier Justizvollzugsbeamte anwesend sind, wird das Reporter-Team von *Spiegel TV* bedroht, bedrängt und schließlich mit einer Ladung Wasser aus einem Papierkorb bespritzt. Das Video ist auf YouTube zu sehen und erscheint als Kapitulation des Rechtsstaats vor der Großfamilie aus Neukölln – als hätte der Clan das Gerichtsgebäude erobert.

Auch das Personal der Ordnungsämter erlebt täglich Erniedrigungen. »Ich habe einmal einen der Clan-Szene zuzuschreibenden Mann angesprochen, als er sich auf einen Behindertenparkplatz stellte«, erzählt ein Mitarbeiter des Berliner Ordnungsamts. Der Mann habe ihm arrogant einen 50-Euro-Schein vor die Füße geworfen. Wortlos. Und sei dann seiner Wege gegangen. Der Mitarbeiter des Ordnungsamts sieht sich mittlerweile nach einem anderen Job um.

Die Clans, aber auch ihre Verbündeten lassen sich gezielte Strategien einfallen, um die Staatsmacht einzuschüchtern. So erließ der damalige Chef der türkischen Hells Angels in Berlin intern die Anweisung, bei Festnahmen und Kontrollen Widerstand zu leisten, um Reaktionen der eingesetzten Polizisten zu erwirken, die dann per Handykamera gefilmt werden sollten. Das Motto: »Überzieht die Bullen mit Anzeigen.« Und tatsächlich erzählen mir Polizisten immer wieder, dass ihnen rassistische Beleidigungen unterstellt werden. Da reicht es manchmal, wenn ein Clan-Mitglied einfach behauptet: »Der Bulle hat mich dreimal Kanake genannt.« Verunsicherung ist das Ziel. »Wenn dir als Polizist regelmäßig eine Strafanzeige wegen angeblicher rassistischer Beleidigungen und übertriebener Gewaltanwendung zugestellt wird, dann wirst du irgendwann nachdenklich«, so ein Beamter mir gegenüber.

In den Fängen der Bürokratie

Mangelnden Respekt erleben auch die härtesten Polizisten der Hauptstadt – die Beamten der Spezialeinsatzkommandos. Durchschnittlich zwölf bis fünfzehn Mann ist ein SEK-Team stark, bis an die Zähne bewaffnet, im Nahkampf ausgebildet, und tritt in der Regel maskiert auf. Ein Anblick, der eigentlich jeden das Fürchten lehren sollte. »Wir erleben es aber nicht selten, dass diese Herrschaften die Fäuste hochnehmen und in Boxstellung gehen. Natürlich verlieren sie am Ende, aber sie können im Knast damit prahlen, so gefährlich zu sein, dass das SEK kommen musste.« Knast macht offenbar Männer.

Zeitgleich im Jahr 1972 mit der legendären GSG 9 nach dem Terroranschlag bei den Olympischen Spielen in München gegründet, sind diese Einheiten eigentlich in erster Linie für die Bekämpfung von Extremismus vorgesehen. »Heute«, so einer der Berliner Elitepolizisten, »gehen 90 Prozent der Einsätze in Richtung Organisierte Kriminalität türkisch- und arabischstämmiger Verbrecher.« Diese können zur Nachtzeit auch gut schlafen. Denn in der Sommerzeit dürfen die Spezialeinheiten laut Gesetz ab 4 Uhr morgens Wohnungen stürmen. »Aber die Fachdienststellen wollen meist nicht so früh anfangen. Also werden die Einsätze zeitlich verschoben«, erklärt ein SEK-Beamter. In der Winterzeit seien solche Zugriffe ab 6 Uhr erlaubt. »Aber genau zu diesem Zeitpunkt ist die offizielle Dienstübergabe bei der Bereitschaftspolizei, die Zeit in Anspruch nimmt. Für den Zugriff um 6 Uhr käme dann wieder die Gewerkschaft ins Spiel, weil es um Überstunden geht. Die Katze Berliner Polizei beißt sich regelmäßig in den Schwanz.« Bürokratiestaat Deutschland.

Strategien der Clans

Die mächtigsten Berliner Clans – und das ist eine große Niederlage für die hiesigen Behörden – haben ihre illegal erwirtschafteten Gelder längst in legale Geschäfte gesteckt. Sie besitzen Immobilien, finanzieren Flüchtlingsheime, eröffnen Lokale. Die Herkunft der Gelder ist kaum mehr nachzuvollziehen. »Wir brauchen die Beweislastumkehr«, so ein Kriminalbeamter. »Die Clan-Mitglieder müssen uns beweisen, woher ihr vieles Geld stammt. Nicht umgekehrt.«

Sicher, man hat die großen Fälle alle aufklären können, und darauf ist man stolz auf den Fluren des Landeskriminalamts: der Überfall auf das Pokerturnier im Berliner Hyatt-Hotel, der Raubüberfall auf das KaDeWe, den Diebstahl der gigantischen Goldmünze aus dem Berliner Bode-Museum. Alle Täter gehörten arabischen Großfamilien an und wandern für ein paar Jahre hinter Gitter. Doch das Geld bleibt meist verschwunden, die Hintermänner ebenso.

Die Strategie der Clans ist es, Menschen einzusetzen, die jung sind und innerhalb des Clans noch etwas werden wollen. Dafür auch eine Haftstrafe in Kauf nehmen, zumal das ihr Ansehen steigert. Gilt es, einen Konkurrenten niederstechen zu lassen, werden nicht selten Jugendliche dafür abkommandiert. Denn diese wollen sich beweisen. Sie erwarten wegen ihres Alters auch in der Regel keine hohen Strafandrohungen.

Clan-Mitglieder im Polizei- und Sicherheitsapparat

Die Behörden registrieren zudem die Bemühungen der Clans, in die Strukturen des Sicherheitsapparats einzudringen. Das gilt zum einen für die Bundeswehr und ist ein Fall für den Militärischen Abschirmdienst, kurz MAD. »Wir haben es weniger mit organisierten Kriminellen zu tun, sondern eher mit kommenden Extremisten, die beim Bund eine kostenlose militärische Ausbildung bekommen und dafür nicht nach Afghanistan oder in den Jemen reisen müssen«, so ein Offizier.

Bei der Berliner Polizei sieht das schon anders aus. Erst kürzlich waren Missstände an der dortigen Polizeiakademie bekannt geworden. Schüler und Lehrer beklagten massives Fehlverhalten von Kollegen mit Migrationshintergrund. Sexuelle Beleidigungen, Respektlosigkeit vor Frauen, mangelnde Deutschkenntnisse. Der Vorgang sorgte für einen Paukenschlag in der Berliner Landespolitik und Sondersitzungen des Senats.

In diesem Zusammenhang wurde auch die Sorge laut, dass die Clans gezielt bisher unauffällige Familienmitglieder ohne Einträge im Polizeicomputer in die Behörde zu bringen versuchen, um so Einblicke in die Taktiken und Vorgehensweisen der Sicherheitsbehörden zu erlangen. Die Behördenleitung dementierte dieses Einsickern. Ein besorgter Beamter berichtet mir allerdings, dass mittlerweile bereits dreißig Mitglieder der unterschiedlichen Clans in den Reihen der Hauptstadtpolizei stehen. »Dadurch sind auch Einblicke in Personalien möglich. Es können Abfragen am Computer gemacht, geplante Razzien verraten werden. Das Problem ist für die demokratische Gesellschaft, dass sie eben nicht jeden Migranten mit einem bestimmten Namen abweisen können. Das Risiko für uns Beamte aber bleibt in jedem Fall bestehen«, so der Polizist.

Beispielhaft dafür sei ein Fall aus dem Sommer 2018, als Bereitschaftspolizisten ein stadtbekanntes Clan-Lokal überprüften und einer der eingesetzten Beamten einen Festgenommenen umarmte und als sein »Habibi«, seinen Liebling, bezeichnete. Vergleichbares trug sich in Bremen zu, wo die arabischen Clans ähnlich Fuß gefasst haben wie in Berlin: Die dortige Polizei hatte von einer geplanten Schlägerei zwischen zwei arabischen Großfamilien erfahren und war rechtzeitig angerückt. Ein Schutzpolizist wurde unter den Angehörigen einer der Parteien ausgemacht. In der Vernehmung sagte er später: »Der Ruf meiner Familie steht über dem Polizeigesetz.« Welche Konsequenzen das für die Betroffenen hatte, ist nicht bekannt.

Polizisten müssen angstfrei ermitteln können, sonst verlieren sie die notwendige Objektivität. Verunsicherte Beamte sind ein Sicherheitsrisiko. Denn es spricht sich auch in der kriminellen Szene herum, dass Polizisten eingeschüchtert werden. Welch fatales Signal an mögliche Zeugen in geplanten Strafverfahren gegen Clan-Mitglieder.

Der Fall Nidal R.

Berlin, 13. September 2018. Ein Mann wird zu Grabe getragen, und rund zweitausend Menschen sind erschienen, um ihm in dieser Zeremonie die letzte Ehre zu erweisen. Doch er war kein Staatsmann, der unermüdlich und treu in den Diensten seines Landes gestanden hat. Er war auch kein bekannter Schauspieler, mit dessen Namen unweigerlich die Stadt Berlin in Zusammenhang gebracht wird, wie etwa Harald Juhnke oder Günter Pfitzmann. Er war auch kein Feuerwehrchef oder ein im Dienst getöteter Polizist. Nein, er war einer der bekanntesten Verbrecher Berlins: Nidal R. Ein Mann palästinensischer Herkunft, dessentwegen der Begriff »Intensivtäter« einst in den Sprachgebrauch der deutschen Behörden Einzug gehalten hat. Und nicht nur das: In Berlin wurde 2002 sogar eine Intensivtäterabteilung eingerichtet als Reaktion auf einen Fachjournalartikel eines LKA-Beamten, der auf einen zu laschen Umgang mit dem Wiederholungstäter hinweisen wollte.

Nidal R., ein Mann, der schon in jungen Jahren kriminell war und als Zehnjähriger zum ersten Mal erwischt wurde. In seiner kriminellen Laufbahn hat er mehr als hundert Einträge im Polizeicomputer angesammelt und an die zehn Jahre im Gefängnis verbracht. Ein Mann, der selbst keinem eigenen Clan entsprang, aber sich ständig im Clan-Milieu bewegte:

mit den Großen dieser Familien verkehrte, Respekt genoss ob seiner eigenen Vita, Geschäfte mit ihnen machte, sicherlich auch Aufträge übernahm. Kein Clan-Mitglied, aber fester Bestandteil der Clan-Szene.

Die Beerdigung dieses berüchtigten Intensivtäters ufert in ein aufmerksamkeitserregendes »Who's who« der Organisierten Kriminalität aus. Unter den Teilnehmern der Beisetzung auf dem Friedhof der Zwölf-Apostel-Gemeinde im Berliner Stadtteil Schöneberg finden sich Angehörige der Remmos, Abou-Chakers, Miris und anderer berüchtigter Großfamilien. Und noch einen »Prominenten« erkennen die szenekundigen Beamten vor Ort: Mahmoud Al-Zein, der seinerzeit als oberster Chef des damals mächtigsten Clans in Berlin gilt, mittlerweile seinen Wohnsitz aber nach Duisburg verlegt hat. Auch Mitglieder der Hells Angels sind unter den Trauergästen, unter ihnen der Stellvertreter des türkischen Rockerchefs Kadir P. Mit Letzterem hatte Nidal R. in früheren Jahren Kontakt, das berichten Insider der Polizei. Die Höllenengel provozieren sogar einen Konflikt mit den eingesetzten Beamten. Zeugen berichten später, dass immer wieder laute, aggressive Gesänge mit dem Refrain »Es gibt keinen Gott außer Allah« erklangen.

Die Berliner Polizei ist vor Ort mit einem Großaufgebot im Einsatz. Denn es kann nicht ausgeschlossen werden, dass die Lage eskaliert. Dass sich ein Teilnehmer von der Staatsmacht provoziert fühlt und auf die Beamten losgeht, dass dann Freunde folgen. Spezialeinheiten stehen in der Umgebung des Friedhofs bereit, Bereitschaftspolizisten sichern die Anlieferung der

Leiche, und es sieht fast so aus, als stünden sie Spalier für den Leichenwagen.

Vier Monate nach der Beerdigung antwortete die Berliner Polizei auf eine Anfrage des SPD-Innenpolitikers Tom Schreiber. Szenekundige Beamte konnten demnach unter den rund 2.000 Teilnehmern 128 Personen zweifelsfrei identifizieren, die der Organisierten Kriminalität zuzuordnen sind; 101 davon kamen aus dem Clan-Milieu, 27 gehörten zum Rockerspektrum. Ferner wurden 18 Personen aus der islamistischen Szene gesichtet. Ein bunter Strauß von Menschen, von denen viele eines gemeinsam haben: Sie kannten Nidal R. aus der kriminellen Szene. Er war ein Gangster. Und wenn so einer zu Grabe getragen wird und er auch noch den gleichen Glauben hatte, erscheint man da schon mal. Zumal durch die eigene Anwesenheit auch suggeriert wird: Mit seiner Ermordung hatte ich nichts zu tun. Sonst würde man ja wohl nicht zu der Beisetzung gehen.

Die Polizei teilte mit, dass sie mit zwei Hundertschaften, einem Begleit- und Verkehrskommando und einer Hundestaffel im Einsatz gewesen sei. Spezialkräfte des Landeskriminalamts waren ebenso in den Einsatz eingebunden. Daraus ergaben sich insgesamt 500 Dienststunden für den Einsatz. Schreiber sagte dazu: »Das war definitiv keine normale Beerdigung. Die Zahlen zeigen, wie wichtig operative Aufklärungsarbeit der Polizei im Bereich der Clan-Kriminalität ist. Entsprechende Stellen beim Landeskriminalamt müssen personell aufgestockt werden.«

Niemals zuvor war so deutlich, welche Macht, welchen Stellenwert die Clans mit arabischen Wurzeln mittlerweile in der deutschen Hauptstadt erreicht haben. Es war eine bisher nicht da gewesene Machtdemonstration und gleichermaßen ein Armutszeugnis. Denn wenn ein Polizeiaufgebot dieser Größenordnung nötig ist, um eine Beerdigung zu sichern, scheint klar zu sein, dass die Verhältnisse aus den Fugen geraten sind.

Sicher, man kann sich noch an Bilder erinnern, die die Beerdigung von Kiezgrößen in Hamburg zeigten, wo aufgehübschte Prostituierte neben ihren Zuhältern in roten Lederjacken und viel zu großen Sonnenbrillen standen, nachdem sie aus Porsches oder Ferraris oder anderen Luxusautos gestiegen waren. Doch diese Beerdigung am 13. September 2018 war anders und machte durch ihre teils aggressive Stimmung deutlich, was in Berlin täglich los ist, was Polizisten jeden Tag ertragen müssen. Ebenso die Staatsanwälte, die Feuerwehrleute, die Menschen in den Sozialämtern und draußen auf der Straße als Mitarbeiter des Ordnungsamts.

Und diese Veranstaltung machte noch etwas deutlich: Wer zur Beerdigung eines solch gewalttätigen Verbrechers geht, zollt ihm Respekt. Der Normalbürger würde nicht zur Beerdigung eines Schwerstkriminellen gehen. Berlin hat an diesem Tag komprimiert zu sehen bekommen, wie groß das kriminelle Spektrum dieses Kulturkreises ist.

Hinrichtung am helllichten Tag

Wie ist Nidal R. zu Tode gekommen? Am Nachmittag des 9. September 2018, genauer um 17.40 Uhr, ist er mit seiner Frau und den gemeinsamen Kindern im

Bereich des Tempelhofer Felds im Stadtteil Neukölln unterwegs. Dort kommen an diesem Tag wie gewöhnlich viele Menschen zusammen: Freizeitsportler, Sonnenanbeter, Verliebte, Eltern mit ihren Kindern. Doch unter ihnen befinden sich auch vier Männer, die nur ein Ziel haben – Nidal R. zu ermorden.

Wenig später zerreißen acht Schüsse das unbeschwerte Beisammensein. Alle Kugeln treffen den 36-Jährigen, vier davon zerfetzen seine Organe. Panik bricht aus.

Der Mann, der in seinem Leben bei vielen Menschen für Angst und Schrecken gesorgt hat, bricht blutüberströmt vor den Augen zahlreicher Zeugen zusammen. Die Täter entkommen in dem entstehenden Chaos. Passanten wollen Erste Hilfe leisten, werden jedoch teils von arabischstämmigen Personen davon abgehalten. Kurz darauf treffen Rettungskräfte ein, und die Notärzte beginnen mit der Reanimation. Dann bahnt sich ein Krankenwagen mit Blaulicht und Martinshorn den Weg in den Berliner Stadtteil Steglitz, zum Benjamin-Franklin-Krankenhaus. Dort kämpfen die Ärzte weiter um das Leben eines Mannes, dem das Leben anderer eigentlich egal war. Doch der 36-Jährige stirbt. Zu schwer waren die Verletzungen, zu groß der Blutverlust. Die Leiche wird später unter Polizeischutz in die Gerichtsmedizin gefahren.

In den Tagen nach dem Auftragsmord wird bekannt, dass der Polizei Hinweise auf eine mögliche Attacke auf Nidal R. vorlagen und sie ihn diesbezüglich auch informiert hatte. Doch offenbar hat er nicht damit gerechnet, auf einem öffentlichen Platz mit Hunderten potenziellen Zeugen im Beisein seiner Familie angegriffen zu werden. Ein tödlicher Irrtum, der eine der bekanntesten Verbrecherkarrieren Deutschlands jäh beendete.

Die Hintergründe der Tat sind noch nicht vollständig ermittelt. Gerüchten zufolge soll Nidal R. kurz vor seiner Ermordung auf einer Hochzeit einen Mann verprügelt und einem anderen eine Pistole in den Mund gesteckt haben. Das spricht für einen Racheakt aus falsch verstandenem Ehrgefühl.

Wer war Nidal R.?

Im Jahr 1980 kommen Nidal R.s Eltern zum ersten Mal nach West-Berlin. Zuvor hatten sie in einem Lager für palästinensische Flüchtlinge im Libanon gelebt. Der Junge wird zwei Jahre später geboren und ist noch ein Baby, als die Familie in den Libanon zurückkehrt. Er ist acht Jahre alt, als das Ehepaar – mittlerweile mit fünf Kindern – erneut nach Berlin zieht, in eine Unterkunft in einem Asylbewerberheim im Berliner Stadtteil Spandau. Im direkten Umfeld gibt es eine Grundschule, wo Nidal die Schulbank drückt.

Erste Anzeichen für sein Gewaltpotenzial zeigt ein Vorfall aus Kindertagen: Nidal verprügelt zusammen mit einem Freund einen Elfjährigen. Das Jugendamt muss sich um ihn kümmern, weil seine Gewalttätigkeit immer weiter zunimmt. Doch die Behörden können ihm keinen Betreuer rund um die Uhr an die Hand geben. Sowohl die Kriminalpolizei als auch die Justiz lernen ihn nach seiner Strafmündigkeit im Alter von 14 Jahren immer besser kennen.

Seine kriminelle Karriere ist vorprogrammiert. Im Alter von 14 Jahren steht er vor dem Jugendrichter und wird von diesem für ein Jahr und elf Monate ins Gefängnis geschickt. Zuvor hatte es eine Schlägerei mit einer verfeindeten Jugendgruppe gegeben. Messer wurden gezückt, es gab Verletzte. Auf einer Beerdigung im November 1998, der Nidal beiwohnt, sticht er auf zwei Menschen ein. Das Urteil dafür: drei Jahre Haft. Beim Berliner Landeskriminalamt hat man Nidal R. genau im Visier.

- Im April 2002 sucht er einen Türsteher des Clubs »Havanna« im Stadtteil Schöneberg auf. Im Vorfeld hatte es immer wieder Streitigkeiten gegeben. Die Situation eskaliert, nach Zeugenaussagen zieht Nidal R. eine Pistole und feuert zwei Schüsse ab, die allerdings niemanden verletzen. Ihn hält nicht ab, dass unweit des Tatorts Polizeibeamte damit beschäftigt sind, ein Verkehrshindernis zu beseitigen. Ein Mann wird bei der folgenden Auseinandersetzung durch einen Messerstich verletzt, im geparkten Auto von Nidal R. wird scharfe Munition sichergestellt. Das Verfahren gegen ihn wird trotzdem eingestellt.

Einem Beamten platzt öffentlich der Kragen, denn während der Bewährungszeit, während einer Haftverschonung und auch während der Haft begeht Nidal R. über fünfzig Straftaten. Die erhoffte Disziplinierung im Gefängnis tritt nicht ein, Nidal R. fällt durch Gewalttaten auf. Bei den Behörden wird reagiert, man gründet eine Abteilung mit dem Schwerpunkt »Intensivtäter«. Denn Nidal R. ist nicht der einzige Mann dieser Art. Trotz all seiner Taten, trotz all der Beweise kann Nidal R. nicht abgeschoben werden, denn er gilt als »staatenlos«. Es wurmt die Polizisten, dass er trotz Strafen nicht zu stoppen ist, selbst im Gefängnis auffällig wird.

Nidal R. fällt im Jahr 2002 zudem wegen Unfallflucht, Widerstands gegen Vollstreckungsbeamte und versuchter gefährlicher Körperverletzung auf, drei Jahre später wegen Bedrohung und Körperverletzung. Im Jahr 2007 wegen Beleidigung, ein Jahr später wird er ohne Führerschein erwischt, dazu gesellen sich erneut Widerstand gegen die Staatsgewalt, Körperverletzung und Diebstahl, im Jahr darauf Widerstand, Bedrohung und Beleidigung. Einen Führerschein soll er niemals besessen haben. Da er erst kurz zuvor aus der Haft entlassen worden war, ordnet man an, dass er unter Führungsaufsicht gestellt wird – dabei überwachen eine Aufsichtsstelle und ein Bewährungshelfer nach richterlicher Anordnung dessen Verhalten. Zu diesem Zeitpunkt ist Nidal R. 29 Jahre alt. Erneut wird er beim Fahren ohne Fahrerlaubnis erwischt. Zudem raubt er einen Mann aus. Als könnte er es einfach nicht lassen, sitzt er im Januar 2013 wieder unerlaubt hinterm Steuer. Er liefert sich eine Verfolgungsjagd mit der Polizei, missachtet dabei rote Ampeln, und Passanten können sich nur durch beherzte Sprünge zur Seite in Sicherheit bringen.

Einen Beruf hat Nidal R. nicht erlernt, er bezieht Hartz IV. Aber er muss andere Einnahmequellen haben, denn er hat Geld für Drogen, Alkohol und schicke Sportwagen. Am Steuer eines Porsches rast er schließlich vor der Polizei davon. Er verursacht dabei hohen Sachschaden, Menschen werden verletzt. Die Strafe dafür: dreieinhalb Jahre Haft.

Hintergründe der Tat

Nidal R. ist erst seit ein paar Monaten auf freiem Fuß, als er erschossen wird. Was ist in der Zeit bis zu seinem Tod vorgefallen? Darüber kursieren viele Gerüchte: Er soll sich mit den falschen Leuten eingelassen haben, um an Geld zu kommen. Besondere Cleverness wird ihm nicht nachgesagt, ein richtiges Geschäftsschema scheint er nicht zu haben. Mal wurde er angeblich mit dem türkischen Rockerboss Kadir P. gesehen, der später wegen »Anstiftung« zum Mord an einem anderen Mann in Untersuchungshaft gesteckt wurde. Andere Personen aus der Szene behaupten, es habe Streit zwischen arabischen Clans und tschetschenischen Kriminellen gegeben, die in Berlin ebenfalls auf dem Vormarsch sind. Beweise dafür lassen sich aber nicht finden.

Während Nidal R. im Krankenhaus ärztlich versorgt wird, sichern Beamte den Tatort, sprechen mit Zeugen, suchen nach Patronenhülsen und anderen Beweisstücken. Und sie bereiten sich auch darauf vor, dass es noch am selben Tag Vergeltungsschläge geben könnte. Denn in der Welt von Nidal R. und den arabischen Clans verlangt so eine Aktion – eine Hinrichtung am helllichten Tag – eindeutig nach Blutrache. Das weiß die Berliner Polizei. Sie rechnet damit, dass sich die Lage schnell zuspitzen wird. Doch eine Eskalation bleibt aus.

Eine weitere Grenze wurde an diesem Tag überschritten: Eine öffentliche Hinrichtung im Beisein der Familie der Zielperson hat es bisher noch nicht gegeben. Eine klare Botschaft an die Feinde: »Wir holen euch, wenn wir es wollen.« Und eine klare Botschaft an die Sicherheitsbehörden: »Seht her, wir machen, was wir wollen. Und niemand kann uns daran hindern.« Vergeltungsschläge hat es aber bis heute nicht gegeben.

Was sich an jenem Abend vor dem Krankenhaus im Stadtteil Steglitz abspielt, ist ebenfalls ein Beleg dafür, dass der Respekt vor der deutschen Lebensart schwindet. Mehr als hundertfünfzig Personen erscheinen vor der Klinik. Die Polizei wird alarmiert, um das Krankenhaus abzusperren. Als bekannt wird, dass Nidal R. auf dem Operationstisch gestorben ist, ergeht von der Leitstelle der Feuerwehr die Weisung an die Rettungseinheiten der Hauptstadt, andere Krankenhäuser mit Verletzten anzufahren. Denn mehrere Personen hatten bereits gewalttätig versucht, ins Innere des Krankenhauses zu gelangen. Warum, das ist nicht klar. Aber wahrscheinlich – wie auch in anderen Fällen – trauten die aufgebrachten Personen den Ärzten, ihren Fähigkeiten und ihren Bemühungen um das Opfer nicht. Zeugen berichten, dass sich bei der aufgeheizten Versammlung vor dem Krankenhaus auch der berüchtigte Berliner Clan-Chef Arafat Abou-Chaker aufgehalten haben soll, der frühere Geschäftspartner des Gangster-Rappers Bushido. Mit ihm soll sich Nidal R. in der Zeit vor seinem Tod mehrfach getroffen haben.

Auf Abou-Chakers Lokal waren vor der Hinrichtung von Nidal R. Schüsse abgefeuert worden. In der Folge kam die Polizei zu der Erkenntnis, dass der Clan-Chef Opfer eines Gewaltverbrechens werden könnte. Dieser bekam daher Besuch von den zuständigen Ermittlern, die ihn über den Stand der Dinge informierten. Ebenso Nidal R. Doch der stadtbekannte Intensivtäter war entweder nicht vorsichtig genug oder die Gegenseite zu entschlossen. Laut Gerüchten gab es nach den Schüssen auf das Lokal Treffen von Anführern verschiedener Clans, damit es nicht zu einem Krieg käme, doch die Ermordung des 36-Jährigen wurde dadurch nicht mehr verhindert. Wer genau mit wem gesprochen hat, ist auch hier unklar.

Weder Nidal R. noch seine Familie gehören einem Clan an, aber er hat in seinen späteren Jahren mit Clans Kontakt. Eine Art Schattenmensch, der immer wieder im Milieu gesehen wird. Mal mit der einen Großfamilie, mal mit der anderen. Einer, der nicht als besonders intelligent und clever galt, sich durch seine Brutalität und Dreistigkeit aber einen Namen gemacht hatte. Einer, der sich für nichts zu schade war. Ist darin das Motiv für seine Ermordung zu finden? Bis heute sind die Hintergründe der Tat nicht vollständig aufgeklärt. Es gibt auch keine Hinweise auf die Täter. Die Ermittler gehen davon aus, dass sie sich ins Ausland abgesetzt haben. Es gibt allerdings eindeutige Hinweise darauf, dass Nidal R. im Milieu der Clans verkehrte und sich dort verstrickt hat.

Einem Insider zufolge ist gerade im Fall Nidal R. vor dessen Tod innerhalb des Clan-Milieus intensiv verhandelt worden. Offenbar erfolglos, ein Friedensrichter soll schließlich aufgegeben haben – es habe keine Verhandlungsbasis mehr gegeben. Nidal R., so verlautet Mitte Juli aus dem Milieu, hat sich womöglich ob seines fehlenden Intellekts mit zu vielen Mächtigen angelegt. Kurz vor seinem Tod soll er auf einer Hochzeit einen Mann verprügelt und einem anderen Mann eine Pistole in den Mund gesteckt haben, während er ihn als Hurensohn beschimpfte. Das könnte der Tropfen gewesen sein, der das Fass zum Überlaufen brachte. Wenig später wurde der Intensivtäter auf dem Tempelhofer Feld erschossen.

Die kaltblütige Ermordung von Nidal R. auf offener Straße hat für Entsetzen gesorgt – bei den Behörden, bei den Medien, in der Bevölkerung. Gezielte Anschläge auf verfeindete Konkurrenten hatte es zwar schon in der Öffentlichkeit gegeben, doch dieser Fall war besonders: besonders kaltblütig. Besonders brutal. Besonders öffentlichkeitswirksam und damit ein erneutes Zeichen an die deutschen Behörden, dass man vor ihnen keinen Respekt hat. Ein ranghoher Beamter des Berliner Landeskriminalamts sprach in der Folge des Mordanschlags im Innenausschuss des Berliner Abgeordnetenhauses von einer »Tendenz zur Bewaffnung der arabischen Großfamilien«.

Martin Hikel, Bezirksbürgermeister in Neukölln, wurde noch am gleichen Abend informiert. Er bedauerte den Toten. Später sagt er, dass die Skrupellosigkeit eine neue Qualität erreicht habe. In einer folgenden Sitzung des Innenausschusses im Berliner Abgeordnetenhaus fordert er, hart gegen die Clans vorzugehen. So sollten künftig in den Datenbanken der Polizei Vermerke zu den dort aufgeführten Personen auf ihre Zugehörigkeit zu den Großfamilien hinweisen, damit den bearbeitenden Beamten gleich ins Auge springt, mit wem sie es bei dem jeweiligen Vorgang zu tun haben. Die Geldflüsse müssen kontrolliert werden – das fordern die Staatsanwälte bereits seit Jahren. Verfahren müssen darüber hinaus gebün-

80

delt und somit komplexer bearbeitet werden können. Und die einzelnen Bundesländer, die mit dem Phänomen Clan-Kriminalität zu tun haben, müssen intensiver zusammenarbeiten.

Der Raubzug im Grand Hyatt

»Es gibt Hinweise darauf, dass man Sie ermorden will.«
Michael »Mike« Kuhr musste sich diesen furchtein-
flößenden Satz anhören. Angst, so sagt der sechsfache
Kickboxweltmeister, habe er dennoch nicht. »Angst
habe ich nur beim Fliegen.« Aber Vorsicht ist geboten
bei seinem Job. Der 56-Jährige ist der Chef einer der
größten Sicherheitsfirmen Deutschlands. Er beschützt
die Reichen und Schönen als Bodyguard: Schauspieler, Sportler, Prominente aller Art. Ein Job, um den ihn
viele beneiden, weil er den Idolen so nahekommt wie
kaum ein anderer. Seine Leute werden in zahlreichen
Nachtclubs eingesetzt oder schützen Events. Und eine
dieser Veranstaltungen sorgte dafür, dass er ins Fadenkreuz der Clans geriet: das Pokerturnier im Grand-
Hyatt-Hotel im Jahr 2010.

Überfall am helllichten Tag

Berlin, 6. März 2010. Vier maskierte Männer dringen
um exakt 14.12 Uhr durch einen Seiteneingang in den
Vorraum des Luxushotels Grand Hyatt am Potsdamer
Platz ein. Einer ist mit einer Machete bewaffnet, die
anderen haben Handfeuerwaffen bei sich. Sie schreien,
auf Englisch und Deutsch, ihre Gesichter sind ver-
mummt. Es ist zweifellos der ideale Zeitpunkt für den

Coup, denn gerade werden die Antrittsgelder der Teilnehmer für das heutige Pokerturnier dort zwischengelagert, bevor sie in den Haupttresor gebracht werden. Bis zu 10.000 Euro zahlt jeder Spieler in den Pott ein – insgesamt mehr als eine Million Euro.

Zwischen den Tätern und Kuhrs Sicherheitsmännern entbrennt eine wilde Schlägerei. Die Räuber stopfen hastig Geld in ihre Taschen, rund 242.000 Euro, wie sich später herausstellt. Doch die Security-Leute geben nicht auf. Einer schlägt einem der Unbekannten die Pistole aus der Hand, schleudert einen Absperrpfosten nach den Vermummten. Es gelingt ihm sogar, einen Täter in den Schwitzkasten zu nehmen. Doch als er von dessen Komplizen mit der Machete bedroht wird, muss er seinen Gefangenen ziehen lassen.

Zur gleichen Zeit bricht im Turnierraum unter den Spielern Panik aus. Der Kampf vor der Tür blieb nicht unbemerkt. Tische und Stühle werden umgeworfen, Spielchips fliegen durch die Gegend – jeder sucht verzweifelt Schutz. Doch von einem Moment auf den anderen sind die Täter verschwunden. Eine Tasche mit dem Großteil der Beute, rund 600.000 Euro, bleibt zurück. Sieben Menschen haben sich in dem Chaos leichte Verletzungen zugezogen, aber ernsthafte Blessuren trägt zum Glück niemand davon.

Die Polizei ist sich von Anfang an sicher, der Bande schnell auf die Schliche zu kommen. Denn die Täter haben viele Spuren hinterlassen und wurden von zahlreichen Überwachungskameras aufgenommen. Somit wissen die Ermittler zumindest schon einmal, wie viele Täter sie suchen und wie diese bekleidet waren. Schnell drängt sich den Beamten der Verdacht auf,

84

dass es sich nicht um echte Profis gehandelt haben kann. Und auch sehr schnell ist man sich im Polizeipräsidium einig, dass eigentlich nur Clan-Angehörige oder von ihnen Beauftragte so dreist sein können, einen solchen Coup trotz dermaßen vieler Zeugen durchzuziehen. Jemand, so die Ermittler, müsse im Hintergrund die Fäden in der Hand gehabt und alles geplant haben. Dieser Überfall könne keine spontane Tat gewesen sein. Eine Summe von einer Million Euro in bar wäre bei einem Banküberfall nicht zu holen gewesen, denn die Banken haben ihre Sicherheitsvorkehrungen längst optimiert.

Doch der versprochene schnelle Fahndungserfolg bleibt aus. Mitglieder des Mobilen Einsatzkommandos – in Einzelfällen übernehmen diese auf Überwachung spezialisierten Beamten auch gefährlichere Zugriffe, da sie eng mit dem SEK zusammenarbeiten – nehmen zwar Muhammed B. fest, der als mutmaßlicher Täter identifiziert wird. Für seine Schuld spricht, dass er im Jahr 2004 an einem Raubüberfall auf Casino-Mitarbeiter am Alexanderplatz beteiligt gewesen war. Das allein ist sicherlich noch kein Beweis für seine Schuld, steigert aber den Anfangsverdacht. Doch er muss wieder auf freien Fuß gesetzt werden.

Die Polizei erhöht den Fahndungsdruck auf die Szene – mit Erfolg. Über seinen Rechtsanwalt meldet sich der 21-jährige Vedat S. elf Tage nach dem Überfall bei der Polizei. Möglicherweise will er auf diese Weise einer Festnahme durch die Spezialkräfte entgehen und eine mildere Strafe aushandeln. Im Beisein seines Anwalts klicken später die Handschellen in seiner Kreuzberger Wohnung. Die Ermittler haben Glück, denn der

junge Mann hofft offenbar auf die Kronzeugenrege-
lung und verrät seine drei Komplizen.

Einer von ihnen, Ahmad El-A. – er ist 21 Jahre alt –,
geht Zivilpolizisten in der Folge am Rosenthaler Platz
bei einer Routinekontrolle ins Netz. Er ist wegen Raub-
und Diebstahlsdelikten bereits bei der Polizei bekannt.
Doch die Suche nach den beiden anderen Tätern geht
weiter: Der deutsche Staatsbürger Jihad C. ist neun-
zehn Jahre alt, die Polizei kennt ihn wegen gefährlicher
Körperverletzung und Raub. Mustafa U. ist zwanzig
Jahre alt und in der Intensivtäterkartei der Polizei auf-
geführt – unter anderem wegen schweren Raubes.

Rekonstruktion der Tatvorbereitungen

Vedat S. kundschaftete im Vorfeld die Sicherheitsvorkehrungen im Hotel Grand Hyatt aus und stellte fest,
dass die Security-Leute keine Waffen bei sich trugen.
Das hatte den Entschluss für den spektakulären Überfall zur Folge. Aber in Absprache mit wem? Im Zuge
der Ermittlungen stellt sich heraus, dass Muhammed B.
die Namen der beiden Flüchtigen kennt, eine Tatbeteiligung ist ihm aber nicht nachzuweisen.

Zwei Wochen dauert es, bis alle vier Täter in Haft
sitzen. Zunächst wird Mustafa U. an einem Sonn-
abendmorgen am Flughafen Tegel verhaftet, später
wird Jihad C. am gleichen Ort von der Polizei gestellt.
Später wird ein fünfter mutmaßlicher Tatbeteiligter gefasst, der 28-jährige Onkel eines der Hauptverdächti-
gen. Die Polizei wirft ihm vor, das Fluchtauto gefahren
zu haben.

Im Verlauf der weiteren Ermittlungen verdeutlicht sich, inwieweit verfeindete Clans in das Schwerverbrechen verwickelt zu sein scheinen. Offenbar hatten Angehörige des festgenommenen Muhammed B., der die Namen der Täter kannte, die wahren Täter ermittelt. Muhammed B. gehört zu einem arabischen Clan, der in Konkurrenz zur Familie Abou-Chaker steht. Sein Name war von einem Nachrichtenhändler in Umlauf gebracht worden. Die Abou-Chakers, von denen sich zwei Führungsmitglieder zum Zeitpunkt des Überfalls im Hyatt befunden hatten, wollten vermutlich den Verdacht auf ihn lenken.

Wie ist die Tat abgelaufen? Das Pokerturnier im Grand Hyatt dauert mehrere Tage. Drei Tage vor dem Coup entsteht ein Foto, das Mohamed Abou-Chaker – Spitzname »Momo« – am Pokertisch im Hyatt zeigt. Neben ihm hält Buchautorin Charlotte Roche, die wie viele andere Promis an diesem Turnier teilnimmt, Spielkarten in der Hand. Abou-Chaker soll seinen Aufenthalt im Vorfeld der Tat dafür genutzt haben, die wichtigsten Details für den Raub auszukundschaften, etwa die Vorgehensweise des Sicherheitspersonals zu beobachten.

Drei Tage später soll »Momo« den vier jungen Männern – Vedat S., Ahmad El-A., Mustafa U. und Jihad C. – um 14.10 Uhr per Handy signalisiert haben, dass das Geld jetzt verladen wird. Dieser Verdacht ergibt sich später bei der Auswertung des Mobiltelefons. Die vier jungen Männer treffen sich vor dem Raubzug bei McDonald's am Potsdamer Platz mit dem älteren Onkel. Nicht alle von ihnen wissen, was sie gleich tun sollen. Das bleibt bis kurz vor der Tat Königswissen der

Auftraggeber. Die Sache sollte so geheim wie möglich bleiben, im kleinstmöglichen Kreis. Der Onkel gibt ihnen Handschuhe und Sturmhauben, erteilt Anweisungen und droht ihnen regelrecht: Wer nicht mitmache, werde im Kiez ausgelacht, als Feigling angesehen. Und man sehe sich immer wieder im Leben.

Gegen »Momo« wird Anklage wegen gemeinschaftlichen schweren Raubes erhoben, in einem gesonderten Verfahren, zusammen mit dem vom SEK festgenommenen Onkel.

Allein sein Name wird dafür sorgen, dass sich Mustafa U. bei seiner Vernehmung durch den Richter im Saal 700 verschließt, unsicher wirkt und unkonkrete Angaben macht. Der Name ist Gesetz im Kiez. Und man nennt vor Gericht oder bei Vernehmungen keine Namen von Tatbeteiligten. Auch dann nicht, wenn einem zehn oder zwanzig Jahre Gefängnis angedroht werden. Das soll der Onkel kurz vor dem Raubzug klargestellt haben, als die fünf bei McDonald's saßen.

Die vier jungen Männer werden jeweils zu mehr als drei Jahren Gefängnis verurteilt. Die Staatsanwaltschaft hatte eigentlich höhere Strafen gefordert. »Momo« selbst erhielt sieben Jahre und drei Monate, denn er war der Drahtzieher dieses Coups.

Morddrohungen gegen Zeugen

Michael Kuhr erkannte »Momo« auf dem Überwachungsvideo und sagte vor Gericht gegen den Clan Abou-Chaker aus. »Selbst wenn ich nicht gewollt hätte, so hätte ich die Aussage machen müssen. Denn es ging ja auch um mein Unternehmen«, so Kuhr. Schnell war das Gerücht in der Welt, die Täter hätten einen Insider, aus seiner Firma. »Ich musste meinen Ruf schützen, die Zukunft meiner Firma und die meiner ehrlichen Angestellten«, ist der Unternehmer überzeugt. Dass das ein Spiel mit dem Feuer war, wusste er, aber er wollte sich nicht einschüchtern lassen.

Kuhr ist im Berliner Problemstadtteil Wedding aufgewachsen. Der ehemalige Postbote hat sich ganz nach oben geboxt, bestritt mehr als dreihundert Kämpfe. Und er kennt die Angehörigen der Clans nur zu gut – das bringe das Leben im Nachtleben in einer Sicherheitsfirma eben mit sich. »Ich wusste, dass der Gerichtssaal voll sein würde mit Menschen aus diesem Milieu. Dass dort viele sitzen würden, die ich seit Jahren kenne und die mich als Verräter ansehen werden. Aber ich habe mich eben für den geraden Weg entschieden, und deswegen musste ich ihn auch bei meiner Aussage gehen«, begründet er seine Entscheidung. Nicht dass seine Aussage vor Gericht der ausschlaggebende Punkt für »Momos« Verurteilung gewesen wäre – sieben Jahre und drei Monate Haft. Die Ermittlungsbehörden hatten viel mehr in der Hand, es gab ja Fotos und Handydaten.

Im Februar 2012 schließlich wurde Kuhr informiert. »Man sagte mir sinngemäß, dass ein Killer auf mich angesetzt sein soll. Der habe bereits aus dem kriminellen Milieu eine Maschinenpistole erhalten. Und derjenige wisse genau, wo ich wohne, welche Gewohnheiten ich habe.« Die Polizei war nun 24 Stunden am Tag um den Mann herum, der sonst eigentlich für die Sicherheit anderer zuständig ist. »Wenn man alleine lebt, sieht man so etwas ganz anders. Wer aber wie ich Kinder hat, der weiß, welche Flanke offen ist, um jemanden einzuschüchtern.« Bei ihm hat es dennoch nicht funktioniert.

Eines war klar, vor allem der Berliner Polizei: Kuhr durfte nichts passieren. Denn wenn ein Zeuge, der gegen ein »polizeiliches Gegenüber« – so der Fachbegriff für Straftäter – ausgesagt hat und dann erschossen wird, arbeitet niemand mehr mit der Polizei zusammen. Zumal Kuhr in den Reihen des Landeskriminalamts einen immens guten Ruf hat.

Die Polizei entschied sich für einen zusätzlichen Schritt. Sie stellte Kuhr nicht nur unter Schutz, sondern ging offensiv an die Szene heran, nach dem Motto: »Angriff ist die beste Verteidigung.« Ranghohe Ermittler luden daher zwei Anführer des Abou-Chaker-Clans zu einem Gespräch ein, und Kuhr war dabei. »Die Beamten haben den beiden schlicht gesagt, dass sie von ihren Plänen wissen, was meine mutmaßlich geplante Ermordung angeht. Und dass im Fall einer Attacke auf mich klar wäre, wer im Fadenkreuz der Ermittlungen stehen würde.« Im Amtsdeutsch nennt sich eine solche Aktion »Gefährderansprache«. Solche Gespräche werden beispielsweise auch vor Fußballweltmeisterschaften mit polizeibekannten Hooligans oder auch mit gewaltbereiten Extremisten geführt.

Die Clan-Chefs schauten ungläubig drein. Man kenne sich doch schon so viele Jahre. Niemand habe vor, Kuhr etwas zu tun. Man schätze sich doch. Das sei alles ein Missverständnis. Dennoch haben seither alle Personen, die den Namen Abou-Chaker tragen, Hausverbot in den Lokalen und Einrichtungen, an denen

Kuhr mit seinen Leuten für die Sicherheit verantwortlich ist. Der Unternehmer setzte damit ein Zeichen gegen die aufkeimenden Gerüchte, er könnte mit dem Coup im Grand-Hyatt-Hotel etwas zu tun gehabt haben.

Wer Kuhr genau zuhört, wenn er über deutsche Großstädte in puncto Kriminalität spricht, kann es mit der Angst zu tun bekommen. »Diese kriminellen Familien wissen, dass sie durch Angst zu ihrem geschäftlichen Erfolg kommen. Die Clans wollen Geld verdienen. Was machen sie also? Sie schicken ein paar Schläger los, die sich in den Diskotheken und Bars danebenbenehmen. Prügeleien anzetteln und somit dafür sorgen, dass die Kunden ausbleiben.« Im Nachgang erscheinen dann – ganz zufällig natürlich – viel nettere Personen und schlagen vor, die Sicherheitsaufgaben zu übernehmen. »Und schon haben sie wieder an Einfluss gewonnen.«

Kuhr hat sich, wenn entsprechende Drohungen kamen, immer auf seine Freunde berufen, auf die stärkste Bruderschaft in der Stadt – die Polizei. »Ich habe immer sofort die Behörden alarmiert. Ohne Kompromiss. Und die Berliner Polizisten sind gut, sie sind nur in der Unterzahl. Aber bemüht ohne Ende.« Ja, er hat so seine Forderungen, und manche glauben, dass Eigeninteresse dahintersteht. Der Logik nach aber hat er recht: Er fordert in Deutschland ein Gesetz, dass nur staatlich geprüfte und lizenzierte Unternehmen mit Sicherheitsaufgaben betraut werden dürfen, also keine Subunternehmer, deren Hintergründe unbekannt sind. »Fahrschullehrer müssen ja auch einen Schein machen. In Deutschland braucht man für fast alles einen Schein.

Aber wenn es um die Bekämpfung der Organisierten Kriminalität geht, wird es immer schwer.«

Es ist der alte Grundsatz: Wer die Tür einer Lokalität, eines Clubs oder einer Diskothek kontrolliert, kontrolliert auch, was hinter der Tür passiert. Ob im Innern mit Drogen gehandelt werden darf, ob über das Konsumieren beispielsweise von Kokain hinweggesehen wird oder nicht. Deswegen fordert er hohe Ansprüche an Firmen, die mit solchen Sicherheitsaufgaben beauftragt werden. Damit eben nicht Angehörige der Organisierten Kriminalität an den Türen stehen und somit Straftaten zulassen und davon profitieren, weil sie ihren Verwandten Geschäfte ermöglichen.

Kuhr ist ein bunter Vogel, 1,67 Meter groß, der auch gerne mal Späßchen über sich selbst macht. Eigentlich lacht er immer, wenn er nicht gerade Charlize Theron oder Lady Gaga beschützt und dann als Bodyguard böse schauen muss. Es drängt ihn in die Politik. Schon vor zwei Jahren sagte er öffentlich, sofort das Amt des Berliner Innensenators übernehmen zu wollen. Jetzt berät er die Berliner CDU in Sicherheitsfragen.

»Das Problem ist schlicht und ergreifend, dass viele Menschen an der Macht sind, die von der Realität auf der Straße keine Ahnung haben«, findet Kuhr. »Die selbst ob ihres Amts Personenschutz haben und nicht nachts mit der S-Bahn fahren müssen. Oder ihre Kinder in einem Problem-Kiez in die Schule schicken und sich den ganzen Tag lang sorgen müssen, ob es gesund nach Hause kommt. Wir haben damals bei den Konflikten und der Aufnahme von Flüchtigen aus Palästina und dem Libanon große Versäumnisse zu verantworten.« Nun geschieht das Ganze seiner Ansicht nach von Neuem. Die jetzige, jüngere Generation der Clans könnte gerettet werden, wenn man konsequent allen vor Augen führt, wie weit diese Strukturen bereits in unser Gesellschaftssystem eingedrungen sind. Wie sehr sie es sind, zeige sein Beispiel. »Ein Deutscher sagt gegen Kriminelle aus dem Ausland aus, und die planen dessen Ermordung. Auf Berliner Boden«, so Kuhr. Das habe nichts mit Nachtleben und Milieu zu tun, sondern mit Nichtachtung des hiesigen Wertesystems.

Deutschland macht in seinen Augen bei der Flüchtlingsthematik gerade wieder fatale Fehler, deswegen würde er die CDU auf Bundesebene nicht wählen. Es gibt sehr viele junge Flüchtlinge aus Syrien und Afghanistan in Berlin, die perspektivlos, arm und von einer geregelten Zukunft Lichtjahre entfernt sind. »Die Clans wissen das. Und sie locken diese Menschen durch Protz und Prunk in ihre Organisationen, um Arbeiten zu übernehmen, die sie selbst nicht mehr übernehmen wollen. Die Heere der Clans werden dadurch größer, auch wenn die Soldaten nicht ihre Familiennamen tragen.« Natürlich, das weiß Kuhr ebenso wie die Polizei, bekommen diese neuen Soldaten niemals tiefe Einblicke in die Strukturen der Clans. Dafür sind die strategisch denkenden Familien viel zu vorsichtig.

Dennoch gilt es nach Kuhrs Auffassung, an diesem Punkt konsequent aufzupassen und nicht aus falsch verstandener politischer Korrektheit wegzuschauen. Kuhr hat selbst viele ausländische Freunde. Nicht jeder Flüchtling, nicht jeder Araber und auch nicht jeder Mann mit einem Clan-Familiennamen wird automatisch kriminell. Der Unternehmer kennt viele der heute polizeibekannten Mitglieder der Großfamilien seit Jahren persönlich. Doch er hat sich nicht mit ihnen eingelassen, sondern immer mit der Polizei zusammengearbeitet.

Der Einbruch ins Bode-Museum

Mit spektakulären Taten in der jüngeren Vergangenheit haben die Clans bewiesen, dass sie nicht nur nachts hinter verschlossenen Türen dunkler Hinterzimmer agieren, sondern auch bereit und entschlossen sind, »Dinger zu drehen«, die es sonst nur in Hollywoodfilmen gibt und die wohl kaum jemand erwartet hatte, bis sie dann schließlich bekannt wurden. Sicherlich, bei Popcorn im Kino sieht man entspannt zu, wenn Profieinbrecher – verkörpert von Robert de Niro und Edward Norton – in dem Streifen *The Score* mit List und Tücke unter der Führung von Marlon Brando in ein Hochsicherheitsgebäude eindringen und eines der wertvollsten Schmuckstücke der Welt stehlen. Und in gewisser Weise entwickelt man auch Sympathie für die Akteure und wünscht ihnen beinahe, dass sie mit ihrem Coup durchkommen. Beim Verlassen des Kinosaals sagt man sich dann, dass es ein spannender Film war, dessen Inhalt in der Realität sicher nicht umsetzbar sei. Und das Schmuckstück im Film war nur so groß, dass man es leicht auf dem Rücken transportieren konnte. In der Realität würde so etwas sicher nicht möglich sein – zu perfekt die Sicherheitssysteme, zu ausgeklügelt die Alarmanlagen. Solch ein Coup könne eben nur im Film funktionieren.

Nun, die Drehbuchautoren hätten wahrscheinlich »rein professionellen« Respekt vor dem gehabt, was im

März 2017 in der deutschen Hauptstadt geschah und als eines der spektakulärsten Verbrechen in die Geschichtsbücher Eingang fand: der Einbruch ins Bode-Museum.

Die gestohlene Goldmünze

Rückblick. Es ist die Nacht zum 27. März 2017. Die Zeiger an den Uhren stehen auf 3 Uhr. Nur wenige sind auf den Straßen unterwegs, die Polizei »bestreift« ob des Personalmangels mit zu wenigen Funkwagen die Hauptstadt. Und so fallen die drei Männer nicht auf, die sich auf der Bahntrasse bewegen, vom Bahnhof Hackescher Markt kommend Richtung Museumsinsel. Ihr Ziel: das Bode-Museum. Tagsüber wären sie sicherlich gemeldet worden, wie sie eine Schubkarre aus Aluminium vor sich herschieben, eine Leiter bei sich haben und auch ein Rollbrett. Sie peilen ein Toilettenfenster im zweiten Stockwerk des Museums an, denn sie wissen, dass sie dort leicht in das Gebäude eindringen können. Warum? Weil sie einen Komplizen haben, einen Insider, der dort für die Sicherheit zuständig ist und das Fenster so hinterlassen hat, dass die Täter leichtes Spiel haben, dort einzudringen. Weder das Fenster noch der Rahmen ist an das Alarm- und Sicherheitssystem des Museums angeschlossen. Hinter der Toilette befindet sich eine Umkleidekabine, von der aus es nur noch wenige Schritte bis zur Beute sind. Auch das weiß das Trio von dem vierten Mann im Hintergrund.

Der Rest geht schnell und ist ebenso schnell erzählt. Die Täter zerschlagen die Vitrine, in der die Beute ausgestellt ist: die 100 Kilogramm schwere Goldmünze »Big Maple Leaf« mit einem Wert von 3,5 Millionen Euro. Weltweit gibt es nur fünf dieser von der Royal Canadian Mint geprägten Münzen. Sie hat einen Durchmesser von 53 Zentimetern, ist 3 Zentimeter dick und zeigt das Bild von Königin Elizabeth II. Auf dem mitgebrachten Rollbrett wird die Millionenbeute zurück in die Umkleidekabine transportiert und anschließend über das Vordach ins Gleisbett geworfen. Danach heben die drei Männer ihren Schatz in die Schubkarre und laufen damit über das Gelände der Hochbahn zur anderen Seite des Spreeufers. Die Münze wird auf den Gehweg geworfen, die Täter erreichen mit Seilen den sicheren Boden. Kurz darauf fahren die Diebe in einem geparkten Fluchtfahrzeug davon.

Etwa zur gleichen Zeit patrouilliert ein Wachmann durch das Museum, entdeckt den Diebstahl und schlägt Alarm.

Erste Ermittlungserfolge

Ermittler untersuchen den Tatort, Kriminaltechniker werden hinzugezogen. Wieder einmal sind es die oft als die Freiheitsrechte der Bürger einschränkend kritisierten Überwachungskameras, die erste Spuren hinsichtlich der Unbekannten erbringen. Es gibt Aufnahmen von drei Vermummten im Bereich des Bahnhofs. Ein Schlag ins Wasser, ohne große Folgen. Doch der Verräter schläft nie, sagt ein altes Sprichwort. Mehrere V-Leute melden sich bei der Polizei. Ihre Angaben stimmen unabhängig voneinander überein: Es sollen Angehörige des berüchtigten Clans der Familie Remmo gewesen sein.

Jetzt hat die Polizei einen »Anfasser«, wie es intern im Präsidium heißt, einen Anhaltspunkt, bei dem sie ansetzen kann. Auf Observation gedrillte Beamte des Mobilen Einsatzkommandos werden damit beauftragt, die mutmaßlichen Verdächtigen zu überwachen. Techniker hören Telefonate ab, lassen Gespräche übersetzen. So kommen sie zunächst auf die Spur des Insiders im Museum. Der Mann macht all das, was nach so einem aufsehenerregenden Verbrechen eigentlich ein absolutes No-Go ist: Er gibt Geld aus. Mehr Geld, als ein Security-Mitarbeiter eigentlich verdienen dürfte. Er kauft sich eine Goldkette, die mehr als 10.000 Euro kostet, er interessiert sich für ein kostspieliges Auto, und die Miete für eine neue Geschäftsidee zahlt er in bar.

Dieser Insider führt die Ermittlungsbehörden auf die richtige Spur und zu den eigentlichen Tätern: Am 12. Juli haben sie so viele Indizien zusammengetragen, dass sie die nötigen Beschlüsse für den Zugriff auf die mutmaßlichen Täter haben. Diese schlafen ahnungslos in ihren Betten, als zwei Zivilbeamte gegen 5 Uhr die Haustür an der Thomasstraße im Berliner Stadtteil Neukölln öffnen und somit den Hausflur frei machen für die Kollegen, die später kommen – damit diese leise eintreten und vor den Wohnungstüren Aufstellung nehmen können. Punkt 6 Uhr ist das Haus von vermummten Beamten der Bereitschaftspolizei umstellt. Niemand soll entkommen können, durch einen Sprung durchs Fenster beispielsweise oder durch eine offene Kellertür. Eine lautlose Aktion. Gesprochen wird nicht, die Polizisten kommunizieren lediglich mit Handbewegungen. Kurz darauf erscheinen Elitepolizisten des Spezialeinsatzkommandos vor Ort und dringen Sekunden später weitaus weniger leise in die Räume ein. Auf den Straßen ist ein Scheppern zu hören, als die Tür gewaltsam aufgebrochen wird, »Polizei, Polizei«-Rufe dringen bis nach draußen, Passanten auf den Gehwegen bleiben stehen und schauen verwirrt auf das Bild, das sich ihnen da bietet.

In der gestürmten Wohnung wohnt der mutmaßliche Drahtzieher des Münzraubs. Was er zu diesem Zeitpunkt noch nicht weiß: Unweit seiner Wohnung nehmen weitere Polizeieinheiten seine drei Komplizen fest. Doch an diesem Tag geht es nicht nur darum, die Täter zu stellen, sondern den Sack richtig zuzumachen. Denn es muss weitere Hintermänner geben, etwa Hehler für das Gold. Insgesamt vierzehn Objekte – größtenteils im Stadtteil Neukölln – werden durchsucht. Auch ein Juwelier an der Sonnenallee steht im Visier der Ermittler.

Im Fahrzeug eines Verdächtigen entdecken die Beamten bei der Durchsuchung eine Sturmhaube und ein Messer. Bereitschaftspolizisten stehen um den Wagen herum und schütteln mit dem Kopf. Es ist eine E-Klasse AMG. »Davon gibt es weltweit nur 500 Exemplare«, erzählt ein Polizist seinem Kollegen. Die Polizeiaktion dauert bis zur Mittagszeit, neben vier scharfen Waffen werden auch 130.000 Euro Bargeld und mehrere Fahrzeuge beschlagnahmt.

Das Amtsgericht Tiergarten erlässt in der Folge Haftbefehle gegen die mutmaßlichen vier Haupttäter. Zwei von ihnen befinden sich gegen Auflagen auf freiem Fuß, die anderen beiden in Untersuchungshaft. Zwar wurden die Täter gestellt und warten im Herbst 2019 auf ihren Prozess, doch die Münze selbst ist verschwunden. Zerstückelt. Eingeschmolzen. Verkauft. Weg für immer. Das ist zumindest die traurige Befürchtung.

Am Ende der Ressourcen

Eine Szene im Umfeld dieses Polizeischlags machte erneut deutlich, dass Berlins Polizei zwar schlagkräftig, aber bei genauerer Betrachtung am Ende ihrer Ressourcen angelangt ist. Die SEK-Beamten konnten nach dem Zugriff zurück in ihre Unterkunft nach Berlin-Lichterfelde fahren; die Bereitschaftspolizisten mussten allerdings warten, »bis zum Ende der Maßnahmen«, wie es offiziell heißt.

Eigentlich hätte die Einheit, die das Gebäude an der Thomasstraße sicherte, gar nicht im Einsatz sein dürfen. Sie war eigentlich völlig überarbeitet, weil sie am Wochenende zuvor in Hamburg eingesetzt war, als die Hansestadt anlässlich der Gipfel-Krawalle in Flammen gestanden hatte. Die Berliner Einheiten waren im Dauereinsatz gewesen. Ohne ausreichend Schlaf, ohne vernünftige Unterkünfte, und das bei schlechter Versorgung in puncto Verpflegung und Getränke. Und warum? Weil Verantwortliche in Hamburg die Lage falsch eingeschätzt und erst dann Unterstützungskräfte angefordert hatten, als es eigentlich schon längst zu spät war.

Drei Tage Sonderurlaub war den Hauptstadtbeamten in der Folge versprochen worden. Die Einheit am 27. März in Neukölln konnte diesen aber nicht in Anspruch nehmen, sondern musste gleich wieder raus. »War ja ein ganz lockerer Einsatz da drüben, da kann man schon mal schnell wieder ran«, berichtete einer der vermummten Polizisten einem anwesenden Reporter zynisch.

»Unerhörte« Forderungen

Nachdem die Details der Tat bekannt wurden, meldete sich die Politik zu Wort. So forderte Mitte Juli der SPD-Politiker Tom Schreiber in der *Berliner Morgenpost*, härter gegen die arabischen Clans vorzugehen. »Sie sind politischer Sprengstoff für die Gesellschaft, sie unterhöhlen den Rechtsstaat.« Er betonte, dass die Probleme mit kriminellen Mitgliedern solcher Clans in Berlin seit Jahren bekannt seien. Und immer wieder hört man die gleichen Forderungen: Vermögen nach Möglichkeit abschöpfen und die Prävention verstärken. Wörtlich sagt er in dem Artikel: »Wir müssen frühzeitig in die Familien reingehen, damit die Kinder nicht abrutschen.« Er forderte außerdem mehr Transparenz von der Kriminalpolizei, weil die Abgeordneten kein Lagebild zur Organisierten Kriminalität bekämen – obwohl es viele Einsätze gegen die Clans gebe.

Nur Tage später forderten Ermittler bessere Unterstützung aus Beirut. Wieder war es Dirk Jacob vom Berliner Landeskriminalamt, der im RBB-Inforadio sagte: »Die Rechtshilfe im Zusammenhang mit dem Libanon stellt immer wieder eine Ermittlungsgrenze für uns dar. Es ist ein erhebliches Problem, insbesondere wenn wir Geldflüsse aus dem Libanon nach Deutschland haben und wir danach feststellen wollen, was die eigentliche Quelle dieses Geldes ist, dann versickert die Spur relativ schnell an genau dieser Grenze.«

Viele Stimmen aus Polizei, Justiz und Politik fordern das Gleiche – aber sie sind immer noch nicht erhört worden.

Der Überfall auf das KaDeWe

Es gibt viele unangenehme Jobs bei der Polizei. Die, bei denen man die Knochen hinhalten muss. Die, bei denen man endlos lang über Akten grübelt und das eine kleine Detail in den Vernehmungsprotokollen zu finden versucht, das den Täter vielleicht am Ende doch Lügen straft und überführt. Und es gibt Beamte, die Informationen »qualifizieren«, also deren »Ernsthaftigkeit« bestätigen müssen, so der Polizeijargon. Beispielsweise ob ein angekündigter Amoklauf tatsächlich stattfinden wird oder ob der Anrufer »nur« ein frustrierter Schüler ist, der schlicht die Räumung seiner Schule veranlassen möchte.

Geredet wird viel, wenn der Tag lang ist. Ja, es gibt glaubhafte Zeugen und Tippgeber, aber es gibt auch Lügner, die durch erfundene Hinweise auf sich aufmerksam machen wollen. Und es gibt genügend Spinner. Die Polizisten müssen sich diese Flut von Informationen anhören, sie auswerten, mit Kollegen und Dienststellenleitern besprechen und zu einer Entscheidung kommen. Und auch dann noch einen klaren Kopf bewahren, wenn sie bereits einen 14-Stunden-Tag hinter sich haben und ein freier Tag nicht in Sicht ist.

Vor dem, was am 20. Dezember 2014 geschehen sollte, hatte es Hinweise gegeben. Dergestalt, dass das international bekannte KaDeWe – das Kaufhaus des Westens – Ziel eines Überfalls oder Diebstahls werden könnte. Nicht zum ersten Mal: Bereits im Jahr 2009 hatten Einbrecher dem Kaufhaus einen Besuch abgestattet. Allerdings zur nächtlichen Stunde, nicht am helllichten Tag wie in diesem Fall.

Die Polizei räumte später ein, vage Informationen bekommen und weitergegeben zu haben. Ein Sprecher sagte: »Uns lagen längere Zeit vor dem Raubüberfall auf das KaDeWe allgemeine Hinweise vor, dass eine Straftat zum Nachteil des KaDeWe begangen werden könnte.« Doch seien diese so unspezifisch gewesen, dass sie keinen Ansatz für weiterführende Ermittlungen geboten hätten. Nichtsdestotrotz erhielten stadtbekannte Personen, die für solche »Dinger« infrage kommen könnten, Gefährderansprachen. Und auch den Großfamilien wurde suggeriert, dass die Polizei von einer geplanten Tat wisse. Und im Falle einer tatsächlichen Durchführung sicherlich schnell die Clans im Visier haben werde. Ein Bluff. Aber wenigstens ein Bluff. Die Konzernleitung des KaDeWe wurde informiert. »Diese hat daraufhin in eigener Zuständigkeit Sicherheitsmaßnahmen getroffen«, wird der Polizeisprecher zitiert.

Doch gewisse Dinge lassen sich nicht verhindern. Und so passierte es, vier Tage vor Heiligabend 2014 – wenn alle zum Weihnachtseinkauf schreiten: Das KaDeWe wurde überfallen.

Adventsshopping im Nobelkaufhaus

Berlin, der letzte Sonnabend vor Weihnachten, 2014. Einer dieser Tage, an dem die Stadt voll ist, man kaum einen Parkplatz findet und die Gänge der Kaufhäuser und Geschäfte ebenso voll sind wie die Damen an den Kassen genervt.

Um 10.20 Uhr hält ein dunkler Audi am Seiteneingang des KaDeWe, des berühmten Kaufhauses an der Ansbacher Straße. Fünf dunkel gekleidete Männer mit Atemschutzmasken springen aus dem Wageninneren, bewaffnet mit einer Machete und Hämmern. Die Unbekannten betreten die Geschäftsräume, gehen in die Schmuckabteilung. Sie drängen ein Pärchen zur Seite, versprühen Reizgas in alle Richtungen und beginnen damit, die Vitrinen einzuschlagen. Es gelingt ihnen nur schwer, denn das Panzerglas ist dick. Einer der Täter stoppt die Zeit und hält seine Komplizen auf dem Laufenden. Sie wissen genau, dass in der Innenstadt viel Polizei unterwegs ist. Nach nur 79 Sekunden – so wird es später rekonstruiert – sind die Männer wieder verschwunden. Ihre Beute: fünfzehn Luxusuhren und fünf Schmuckstücke. Der Gesamtschaden beläuft sich auf 817.260 Euro.

Ein erneuter Schlag ins Gesicht der Sicherheitsbehörden, denn der Coup wurde wieder am helllichten Tag und vor unzähligen Zeugen durchgeführt. Und brutal war er auch. Sechzehn Menschen werden wegen Atemwegsreizungen in nahegelegene Krankenhäuser gebracht, darunter auch ein kleines Kind.

Die Polizei geht jedem Hinweis nach. Einen Mann, Hussein M., hat sie schon länger im Visier, weil er an einem Raubüberfall auf ein Juweliergeschäft im Juni des gleichen Jahres beteiligt gewesen sein soll.

Am 18. März 2015 stürmen Beamte des Mobilen Einsatzkommandos um 8.30 Uhr die Wohnung von Hussein M. an der Schönwalder Straße im Stadtteil

Gesundbrunnen. Der 25-Jährige gehört zu einer berüchtigten Clan-Familie, die vor allem in Bremen und in Nordrhein-Westfalen aktiv ist. Sein Pech – er hatte offenbar den teuren Flucht-Audi nicht einfach verschwinden lassen wollen. Vielmehr sollte das Fahrzeug, das am Tattag mit gestohlenen Kennzeichen ausgestattet gewesen war, umgebaut, neu lackiert und verkauft werden. Das machen die Profis in den Hollywoodfilmen anders: In den Streifen werden die Autos einfach angezündet, damit alle Fingerabdrücke, Faser- und DNA-Spuren im Feuer vernichtet werden.

Zeitgleich dringen Spezialkräfte in eine Wohnung an der Lietzenburger Straße in Charlottenburg ein und nehmen Jihad Al-Z. fest. Der Mann ist 29 Jahre alt und gehört zur Familie der einstigen Berliner OK-Größe »El Presidente«.

Wenig später wird ein weiterer Tatverdächtiger in Aalen aufgespürt und festgenommen, der sich bei Verwandten versteckt. Ein weiterer geht der Polizei ins Netz, als er mit gefälschten Papieren via Griechenland die Türkei erreichen will. Sein Fluchtversuch scheitert daran, dass ihn ein zur Unterstützung der Grenzbeamten abgestellter Bundespolizist erkennt und seine griechischen Kollegen bittet, ihn festzuhalten.

Erstaunliche Wendung

In der Folge – und das erstaunte die Behörden ebenso wie Gerichts- und Polizeireporter – geschahen Dinge, die in der Clan-Szene ungewöhnlich sind: Es gab Aussagen von Verdächtigen gegen Mittäter. Vielleicht, so wird vermutet, lag es daran, dass nicht ein Clan allein an dem KaDeWe-Raubüberfall beteiligt war, sondern Angehörige unterschiedlicher Familien.

Hussein M. – er hatte das Fluchtfahrzeug zur Verfügung gestellt – hatte bereits kurz nach der Festnahme seine Mittäter belastet, das ersparte ihm die Untersuchungshaft. Vor Gericht wurde schließlich eine Erklärung vorgelesen: Der Beschuldigte wolle einen neuen Weg einschlagen – ohne Kriminalität, ohne Rücksicht auf frühere Freunde und deren Ehrenkodex. Er kam am Ende als Mittäter wegen Beihilfe mit einer Bewährungsstrafe von zwei Jahren davon. Ihm wurde positiv angerechnet, dass er durch seine umfassenden Aussagen wesentlich zur Aufklärung der Tat beitrug.

Und noch ein Bekenntnis spielte den Ermittlern in die Karten, etwas, das es so auch nicht gegeben hatte. Ein Mann namens Ismael K. erschien aus eigenem Antrieb bei der Berliner Polizei. Und die Beamten staunten nicht schlecht, als er einräumte, der Täter mit der Machete gewesen zu sein. Reinen Tisch wolle er machen, und er benannte weitere Mittäter, unter anderem den Angehörigen einer berüchtigten Clan-Familie. Diesen hatte das Gericht zuvor freisprechen müssen, weil es nicht genügend Beweise für seine Mittäterschaft gegeben hatte. Nun gab es diese neuen, wichtigen Erkenntnisse. Doch der Freispruch war bereits rechtskräftig, ein neues Verfahren gegen ihn daher nicht mehr möglich.

Ismael K. hat gegen ein Gesetz verstoßen. Kein deutsches Gesetz, sondern das oberste der Clans: »Arbeite nicht mit der Polizei zusammen!« Er befindet sich im Zeugenschutzprogramm. Denn Verrat wird nicht geduldet, wird nicht vergessen und wird vor allen Dingen gerächt, wenn auch Jahre später. Seine Aussage sollte die Clan-Familie aber noch weiter in Schwierigkeiten bringen, denn die von ihm genannten Mitttäter wurden schließlich bei einer spektakulären Großrazzia festgenommen.

Großrazzia

Mitte April 2016 schlug die Polizei zu. 220 Beamte waren auf Anweisung der Staatsanwaltschaft unterwegs und vollstreckten Haftbefehle gegen acht Männer im Alter zwischen 20 und 56 Jahren wegen Verwicklung in den Raubüberfall im KaDeWe. Und die Polizei hatte mittlerweile noch mehr in petto: Ihnen wurde darüber hinaus Anstiftung zu einem Auftragsmord sowie illegaler Waffenbesitz vorgeworfen. Dafür hatten sich im Zuge der Ermittlungen Anhaltspunkte ergeben. Wegen der zu erwartenden Gefährlichkeit des »polizeilichen Gegenübers« waren allein sechzig Elitepolizisten des Spezialeinsatzkommandos an der Aktion beteiligt, insgesamt wurden stadtweit 16 Objekte durchsucht. Dabei wurden eine scharfe Schusswaffe, Munition, Schmuck, Bargeld und ein Porsche sichergestellt.

Und auch der Hintergrund des geplanten Auftragsmords konnte schließlich erhellt werden: Ein Mann hatte einem der KaDeWe-Täter die Freundin ausgespannt – ihm wurde im Oktober 2015 in der Gropiusstadt ins Bein geschossen. Der Schütze sagte später aus, bewusst nur auf die Beine gezielt zu haben, um nicht zum Mörder zu werden. Offenbar hatte er kalte Füße bekommen und befürchtete im Fall einer Identifizierung eine hohe Haftstrafe.

Die Sicherheitsbehörden sahen Licht am Horizont. Anders als sonst gab es diesmal Zeugen, die nicht einknickten und bei ihrer Aussage blieben. Der damalige Berliner Innensenator sprach von einer wichtigen Botschaft: »Fällt die Mauer des Schweigens, können die Sicherheitskräfte noch konsequenter handeln.« Der frühere Neuköllner Bürgermeister Heinz Buschkowsky von der SPD widersprach dieser aufkeimenden Hoffnung. In einem Fernsehinterview sagte er: »Zeugen werden schnell mundtot gemacht. Wenn acht Leute verhaftet worden sind, heißt das nicht, dass es auch zu acht Verurteilungen kommt.«

Und noch etwas ist anders an diesem Fall: Ende Juni 2016 betrat ein Mann aus Portugal ein Pfandhaus. Er hatte ein Collier bei sich, das er beleihen wollte. Zu dem Geschäft kam es allerdings nicht, weil der Kunde nicht nachweisen konnte, woher das Schmuckstück stammte. Der Pfandleiher informierte die Polizei. Wenige Tage später versuchte der Mann es an anderer Stelle erneut und bekam mehrere Tausend Euro. Durch seine hinterlassenen Personalien konnte die Polizei ihn schließlich ermitteln. In einer Vernehmung räumte er ein, den Schmuck seiner Lebensgefährtin gestohlen zu haben, um Schulden begleichen zu können. Diese wiederum gab zu Protokoll, als Geschäftsführerin einer Bar das Collier gefunden zu haben.

Clan-Geschäfte im Schatten des internationalen Terrorismus

Was haben die Clans mit Terrorismus zu tun? Belegen lassen sich Zusammenhänge zwischen den auf Profit ausgerichteten Verbrecherbanden und radikalen Terroristen bisher nicht. Aber in den heutigen hitzigen und gefährlichen Zeiten muss global gedacht werden: Terrorismus muss finanziert werden. Es braucht Geld für Logistik, für die Unterbringung von Terroristen. Geld für ihre Verstecke und Waffen. Terroristen und Clans eint der Glauben, beide eint die Entschlossenheit. Nach den Anschlägen vom 11. September 2001 auf das World Trade Center in New York leben die Menschen nicht mehr wie früher. Sie haben Angst, die Terroristen haben im Großen weltweit erreicht, was die Clans im Kleinen, in den jeweiligen Städten anstrebten, in denen sie aktiv sind – das Lebensgefühl ist nicht mehr wie früher.

Wäscht eine Hand die andere? Terroristen und mutmaßliche Terroristen stehen auf den Listen der Sicherheitsbehörden ganz oben – Terrorabwehr ist das Betätigungsfeld Nummer eins. Das eröffnet Flanken für die Organisierte Kriminalität, weil die ohnehin schwachen Ressourcen der Polizei auf solche Personen fokussiert sind. Kriminelle Banden reiben sich lachend die Hände, denn sie wissen, dass das Hauptaugenmerk nicht mehr auf sie gerichtet ist. Genau deswegen müssen diese beiden Phänomene gemeinsam betrachtet werden. Es müssen Verbindungen von radikalen Islamisten zu Angehörigen der Organisierten Kriminalität geprüft werden. Ob von den Clans Geld an Terroristen geflossen ist, um den Ermittlungsdruck zu verteilen beziehungsweise zu verschieben.

Der Terroranschlag auf dem Breitscheidplatz am 19. Dezember 2016 im Zentrum Berlins erschütterte die Menschen und hat sich nachhaltig in unser Gedächtnis eingebrannt: Anis Amri stahl einen Lkw und raste in eine Menschenmenge auf dem Berliner Weihnachtsmarkt. Er riss zwölf Menschen mit in den Tod und zerstörte zahlreiche Seelen – die von Überlebenden und die von Angehörigen. Und er zerstörte auch das Vertrauen in die Sicherheitsbehörden. Nicht bei allen, aber bei vielen. Und er hatte Kontakt zu Clan-Angehörigen, war in deren Beisein in eine handfeste Auseinandersetzung verwickelt.

Terrorismus und Clan-Kriminalität

Marcel Luthe gilt als unbequemer Politiker. Er ist der innenpolitische Sprecher der Berliner FDP und definiert seinen Auftrag mit schlichten Worten: »Die Exekutive wird vom Parlament überprüft. Das ist unser Job, ob wir denen damit nun auf die Nerven gehen oder nicht.« Journalisten schätzen ihn, denn mit ihm werden die oft scheinbar endlosen Sitzungen im Berliner Abgeordnetenhaus selten langweilig. Er provoziert, greift an, schert sich nicht um Zwischenrufe der Koalition. Er konfrontiert mit Fakten und zwingt das Parlament, sich auf den Hintern zu setzen und Antworten auf seine teils sehr umfangreichen Fragen zu finden. Gerade bei der Berliner Polizei hat er einen guten Ruf – weil man seinen Anträgen und parlamentarischen Anfragen anmerkt, dass es ihm um die Sicherheit der Stadt geht. Unmittelbar nach dem Anschlag auf dem Breitscheidplatz stellte er daher im Innen- und im Verfassungsschutzausschuss die Frage, welche Erkenntnisse über personelle Überschneidungen zwischen Organisierter Kriminalität und islamischem Terrorismus im Fall Amri bekannt seien.

So antworteten die Berliner Behörden auf Luthes Anfrage im Mai 2017: »Dem Senat liegen gegenwärtig keine Erkenntnisse über einen Finanzfluss zwischen Amri, dem Fussilet e. V. oder dessen Mitgliedern und bekannten Akteuren der Organisierten Kriminalität vor.« Dieser Verein unterhielt auch eine Moschee im Berliner Stadtteil Moabit. Laut Erkenntnissen des Verfassungsschutzes galt er als Treffpunkt für radikale Salafisten – und wurde deshalb im Februar 2017 verboten.

Auch weitere Aussagen zu den Verbindungen des später in Italien erschossenen Terroristen Amri ins Drogenmilieu wirken eher hilflos: »In Metropolen und Großstädten ist es üblich, dass Drogenszenen hervortreten, die sich nicht nur an Bahnhofsbereichen und Parkanlagen entwickeln können. [...] Es ist in einer Großstadt nicht unüblich, dass Personen, die dem Drogenmilieu zugewandt sind, Kenntnis über Konsum- und Absatzmöglichkeiten in der entsprechenden Stadt erlangen.« Dennoch schließt der Senat »ausdrücklich nicht aus, dass islamistisch geprägte Personen im Zusammenhang mit Betäubungsmittelkriminalität oder sonstiger früherer Allgemeinkriminalität aufgefallen sind«. Auch einzelfallbezogene Verflechtungen aus anderen europäischen Ländern könne es geben.

Luthe schaut bei diesen Fragen in andere Länder. »Der Exekutivdirektor des Büros für Drogen und Verbrechensbekämpfung bei den Vereinten Nationen, Juri Fedotow, hat 2014 die strukturelle und auch ideologisch basierte Zusammenarbeit von Organisierter Kriminalität und Islamisten klar benannt.« Diese Erkenntnisse seien in Berlin schlichtweg unbeachtet geblieben und zeugten von einem grundlegenden Missverständnis des Islamismus und des Dschihad, da die Behörden die unterschiedlichen Ausprägungen des Dschihad verkennen. Soll heißen: Es gibt durchaus Anhaltspunkte dafür, dass gewaltbereite Islamisten auch mit der Organisierten Kriminalität und insbesondere mit den arabischen Clans kooperieren und dass es immer wieder personelle Überschneidungen gibt (zum Beispiel der »Emir vom Wedding«). Ein Beleg dafür ist beispielsweise, dass Angehörige dieser Gruppierungen bei der Beisetzung von Nidal R. von der Polizei erkannt und klar identifiziert wurden.

Luthe sowie erfahrene Beamte des Berliner Landeskriminalamts fordern seit geraumer Zeit eine Umstrukturierung der Berliner Polizei: eine eigene Säule oder zumindest eine Sonderkommission, die den islamischen Terrorismus an der Wurzel bekämpft, indem ihm Geldzuflüsse aus dem Drogenhandel entzogen werden. Der Politiker vermutet, dass der Anschlag auf dem Breitscheidplatz dem Clan Abou-Chaker in die Hände gespielt haben könnte. Denn nach der Attacke kümmerten sich die Behörden um die islamistischen Hintergründe, ließen dabei aber laut Luthe außer Acht, von wem sonst Amri Unterstützung bekommen haben könnte, wenn auch nur finanzielle.

Der Fall Anis Amri

Der Fall Amri treibt Luthe seit Jahren um. Er sammelt Papiere, wertet aus, stellt Anfragen, »weil wir die ganze Wahrheit eben leider immer noch nicht kennen. Und bei den jetzigen logistischen Möglichkeiten wird das auch so bleiben.« Ein Terroranschlag sei keinesfalls mehr die alleinige Domäne links- oder rechtsextremistischer Organisationen. Seiner Meinung nach hapert es allein schon bei der Struktur des Berliner Landeskriminalamts, da im Bereich für Organisierte Kriminalität keine Kompetenz für Terrorismus vorhanden ist, beim Polizeilichen Staatsschutz keine für den Drogenhandel. Somit fehlt laut Luthe schlicht eine Querschnitteinrichtung, die entsprechende Erkenntnisse sammelt und koordiniert.

Im Klartext: Clan-Kriminalität und islamistischer Extremismus können nicht getrennt voneinander betrachtet werden, sondern müssen gemeinsam ins Visier der Ermittler. Potenzielle Überschneidungen müssen überprüft werden. Es muss eine gemeinsame Datenbank erstellt werden. Es muss – auch durch Observationen – aufgeklärt werden, ob Angehörige der Clans Kontakte mit Islamisten pflegen und nicht nur die gleichen Moscheen besuchen.

In einem Rechtsstaat wird die Wahrheit einer Behauptung durch unabhängige Gerichte festgestellt. Dies gilt nach Meinung des FDP-Politikers nicht, wenn sich die Ermittlungsbehörden wie beim Anschlag auf den Breitscheidplatz oder auch beim Oktoberfestattentat 1980 auf einen Einzeltäter festlegen, der bereits verstorben ist. Denn gegen Tote wird bekanntlich keine Anklage erhoben.

»Ungeachtet des Fehlens einer gerichtlichen Feststellung haben nahezu alle Bürger die von der Exekutive präsentierte Version eines islamistisch motivierten Einzeltäters namens Anis Amri als wahr akzeptiert, ohne dafür einen Beweis zu kennen«, erläutert Luthe. Und solange keine Version bewiesen ist, kommen seiner Meinung nach auch andere Szenarien in Betracht. Er findet es lebensfremd, eine durchaus enge Verbindung Amris zur Organisierten Kriminalität arabischer Gruppierungen anlasslos zu verneinen und von dem seltenen Fall eines Einzeltäters ohne Helfer auszugehen.

»Wie wir wissen, hat Amri im größeren Umfang – nach Aussagen einiger Zeugen gar als Zwischenhändler – mit Drogen gehandelt und dazu mehrmals täglich mit seinem Zulieferer telefoniert. Das haben Ermittlungen ergeben. Woher, wenn nicht von den Clans, stammen denn die Drogen, die in Berlin von Dealern vom Görlitzer Park bis zum Kleinen Tiergarten verkauft werden?« Anis Amri soll im Rahmen einer »Racheaktion« in Anwesenheit von Ali Abou-Chaker gemeinsam mit Mittätern mit einem Messer und einem Hammer auf ein Opfer eingeschlagen haben. Das könnte ein Beleg dafür sein, dass Anis Amri Kontakte zu Clan-Mitgliedern hatte. »Ein Mitarbeiter des Kommissariats, das die Ermittlungen gegen den Islamisten Amri leiten sollte, ist zufällig mit Ali Abou-Chaker vom Sport bekannt, war selbst involviert in Ermittlungen im Drogen-Milieu in den Neunzigern«, so Luthe.

Alles Spekulation? Man könnte es so deuten. Man könnte diesen Spuren aber zumindest einmal nachgehen. Luthe gilt wie gesagt als unbequem. Aber letztlich macht er nur seinen Job, denn die Exekutive wird vom Parlament kontrolliert. Und Kontrolle beinhaltet auch das Stellen unbequemer Fragen.

Ferner sei die Aktionsbasis von Anis Amri, der Fussilet 33 e. V., von Islamisten wie Ismet Dogan, dem »Emir vom Wedding«, gegründet worden, die laut polizeilicher Erkenntnislage ebenfalls Akteure im Bereich der Organisierten Kriminalität sein sollen. »Seit den Anschlägen auf das World Trade Center wurde viel Personal in die Bekämpfung solcher Felder gesteuert, diese beanspruchten Ressourcen fehlten allerdings an anderer Stelle«, so Luthe weiter.

Im Jahr 2015 wurde beim Berliner Landeskriminalamt deutlich umgesteuert, und die Clans gerieten durch Schwerpunkteinsätze unter Druck. Doch nach dem Anschlag am Breitscheidplatz rückte der Islamismus wieder in den Fokus – laut Luthe eine erhebliche Entlastung für die Organisierte Kriminalität. So seien zwar Amris Dealer-Aktivitäten bekannt gewesen, man habe ihn aber gewähren lassen, weil die Ermittlung etwaiger islamistischer Bezüge im Fokus stand. Sein Fazit: Der Anschlag und dessen Einordnung als islamistische Tat waren durchaus im Interesse der Clans.

Über die Motivlage des Täters Anis Amri gibt es als direkter Beleg einzig ein Video, auf dem er seine

Treue zum IS bekundet. Denkbar ist laut Luthe aber auch, dass es sich bei diesem Video um ein insoweit gestelltes Szenario handelt, als dass damit lediglich eine falsche Motivlage vorgegeben werden sollte, um den Fokus polizeilicher Maßnahmen in Berlin weg von den Geschäften der Clans zu lenken. Beweise für die eine oder andere Version gibt es nicht. Zurück bleibt eine kühne These, der aber nachgegangen werden sollte.

Und noch etwas lässt Luthe aufhorchen: »Nach der Tat ist Amri nach Sesto San Giovanni geflohen, einen Vorort von Mailand. Dabei handelt es sich, wie der Zufall es so will, um den Ort, aus dem der von Amri angeblich ebenfalls zufällig ausgesuchte Lkw eine Woche vor dem Anschlag abgefahren war. Was wollte Amri dort?« In Sesto sollte die größte Moschee Norditaliens gebaut werden. Ein Projekt, das in den Monaten nach dem Anschlag nach jahrelanger Planung von der Kommune beendet wurde. Sesto gilt auch als Umschlagplatz für Logistikrouten auf der Balkanroute und damit bis in das Gebiet des IS, über den neben Waffen auch Drogen ins Land kommen. Wieder eine kühne These, der aber nachgegangen werden sollte.

Der radikale Islam wandelt sich, wenn dies seinen Gegner schwächt. Im Jahr 2006 stellte Atiyah al-Rahrman, damals eine der höchsten Autoritäten bei al-Qaida, klar, dass Geld aus Drogengeschäften keineswegs »haram«, also verboten sei, wenn die Spende für den Dschihad eingesetzt würde. In die gleiche Richtung ging im Jahr 2009 der Religionspolizeichef der Taliban, Abdul Rashid, dessen Meinung nach der Handel mit Drogen für Muslime zulässig sei, weil diese im Westen von Ungläubigen konsumiert werden und Mittel für den Dschihad beschaffen.

Sicherlich, alles bislang reine Theorie. Aber gerade weil diese Thesen bislang nur denkbar und eben nicht eindeutig belegbar sind, muss islamistischer Terror im möglichen Zusammenhang mit der Organisierten Kriminalität beobachtet werden. Einem szenekundigen Beamten zufolge ist das sinnvoll: »Durch die internationale Terrorlage werden in erster Linie mögliche Terroristen beobachtet. Die Kontrolle der Organisierten Kriminalität gerät dabei ins Hintertreffen.« Beide Gruppierungen profitieren davon. Die Clans können unbeschwerter ihren Geschäften nachgehen, weil die Islamisten den behördlichen Fokus auf sich ziehen und im Gegenzug dafür finanziell unterstützt werden. »In diesem Zeitalter muss einfach neu und anders als vor ein paar Jahren gedacht werden. Auch wenn es umständlich und mit Umstrukturierungen verbunden ist«, so der OK-Experte der Polizei.

Parallelgesellschaft und behördliches Vorgehen

Kriminaldirektor Dirk Jacob vom Berliner Landeskriminalamt spricht von Parallelgesellschaften, in denen Libanesen, Palästinenser und Kurden leben. Und dass die deutschen Gesetze nicht ernst genommen werden, sondern von Friedensrichtern umgangen werden. »Es kommen sogenannte Parallelschlichter zum Einsatz. Das heißt nichts anderes, als dass nach Streitigkeiten unter den Familien ältere Männer zwischen den Parteien vermitteln. Dabei geht es um die Höhe von Geldsummen, um den Streit aus der Welt zu schaffen. »Nach Tötungsdelikten werden schon mal sechsstellige Beträge an die Familie des Opfers bezahlt.«

Jacob ist der gleichen Ansicht wie die Polizeigewerkschaften, die Staatsanwälte und Polizisten auf der Straße. »Wenn wir diese ganzen kriminellen Strukturen aufweichen wollen, müssen wir an das Vermögen heran. Daran arbeiten wir mit Hochdruck, aber es wird schwer sein, den Kampf zu gewinnen.« Auch der Umgang mit kriminellem Nachwuchs treibt ihn um. »Eine Resozialisierung bringt nichts, wenn es vorher gar nicht erst eine Sozialisierung gegeben hat. Und in einer Parallelgesellschaft gibt es eben keine Sozialisierung, sondern nur ein Gesetz: Was erlaubt und was verboten ist, sagt meine Familie. Nur das zählt.«

Sozialarbeiterin Gabi Heinemann arbeitet seit

mehr als zwanzig Jahren mit arabischen jungen Frauen im Berliner Stadtteil Neukölln. »Die Frauen sind auch schon stark, klar. Aber die Realität hier ist kein Film. In der Realität müssen sie gehorchen. Auch klar. In unserem Umfeld kam es zu einer Scheidung. Es war die erste seit 23 Jahren, die ich erlebte«, erzählt sie in einem Bericht über die Clans in der *Welt am Sonntag*. Diese Dinge fielen in den streng gehüteten Bereich, den sie Ehre-Scham-Kultur nennt. »Dass so etwas wie eine Scheidung passiert, ist schlimm genug. Darüber redet man nicht, das würde alles noch schlimmer machen.« Chancen gebe es nur bei jungen Frauen, die herausstrebten. »Die einen Beruf wollen, statt mit zwölf zu heiraten. In den Neunzigerjahren wurde hier in Neukölln mit zwölf, dreizehn Jahren geheiratet. Da hat keiner hingeschaut, keine Behörde, das war halt so.«

Ihre Arbeit ist schwierig, und es gibt immer wieder Rückschläge. »Da war ein arabisches Mädchen bei uns, so eine ganz Nette. Aufrichtige.« Angerufen hatte sie, weil sie einen Jungen dabei beobachtet hatte, wie dieser mit einem Messer zustach. Eine Aussage wollte sie machen. »Am nächsten Tag hat sie leise gesagt, dass sie es nicht tun kann. Ihre Verwandten wollten das nicht.«

Gabi Heinemann kennt einige der heutigen Clan-Chefs noch als Halbstarke. »Mal ein bisschen dealen, mal Schutzgeld eintreiben oder mal Fahrräder in die Bäume hängen, das mischte sich alles – Jugendstreiche und Kriminalität.« Heute sind sie zu reichen Männern geworden, und die Kleinen schauen zu ihnen auf. »Schon Elfjährige bewundern sie für ihre teuren Autos. Es sind ihre Vorbilder.« Die sich auch noch bei den

Stadtteilfesten zeigen würden. »Einfach um zu zeigen, wer hier der Boss ist.«

Zusammenhalt und Kodex

Eigentlich geben gerade die Clans durch ihr auffälliges Verhalten viele Ansatzpunkte für den Kampf gegen ihre Machenschaften – sollte man meinen. Sie agieren in der Öffentlichkeit und tragen auch vor den Augen Unbeteiligter ihre Fehden aus, was sie von anderen kriminellen Gruppierungen unterscheidet. Doch obwohl es immer wieder Kämpfe unter den einzelnen Großfamilien gibt, sitzen sie nicht selten nebeneinander in den Shisha-Bars. Denn eines eint sie trotz aller Streitigkeiten: die Ablehnung der deutschen Behörden und ihrer Gesetze.

Zu einer großen Verbrüderung der einzelnen Familien, um sich gemeinsam gegen den deutschen Staat zu stellen, wird es nach Einschätzung verschiedener Polizisten allerdings nicht kommen. Zu sehr ist man am Erhalt der eigenen Machtstrukturen interessiert. Am Erhalt der eigenen Familie. Sicherlich gibt es hier und da Überschneidungen bei illegalen Geschäften, und natürlich kennen sich auch viele der unterschiedlichen Clans aus dem früheren Kiez, aus dem Sportstudio und der Schule. Aber letztlich profitiert eine Großfamilie davon, wenn eine andere gerade im Visier der Behörden ist. Bei der gemeinsamen Wasserpfeife wird dies oberflächlich bedauert, insgeheim reibt man sich aber die Hände.

Die Berliner Sicherheitsbehörden unternehmen das

Möglichste, was personell, logistisch und der geltenden Gesetzeslage nach zur Verfügung steht, um gegen die Clans vorzugehen. Dies bekam im Juli 2018 ein Mitglied einer arabischen Großfamilie zu spüren. Offiziell bezog der Mann lediglich Hartz IV und Kindergeld vom Staat. Doch irgendwie hatte er es geschafft, für satte 9,3 Millionen Euro insgesamt 77 Immobilien zu kaufen, die die Berliner Staatsanwaltschaft beschlagnahmte. Auch sein Bruder ist bei der Polizei kein Unbekannter. Er war ein Jahr zuvor für einen spektakulären Überfall auf eine Sparkassenfiliale im Berliner Stadtteil Steglitz für acht Jahre ins Gefängnis geschickt worden. Wie der Zufall es so will, wurde die Beute nie sichergestellt: 9 Millionen Euro. Ein Zusammenhang zwischen diesen beiden Vorgängen konnte bislang jedoch nicht bewiesen werden, aber das unterstreicht nur, auf welchem Niveau sich die Machenschaften der Clans mittlerweile bewegen.

»Die arabischen Clans sind durch die Todesschüsse auf den berüchtigten Intensivtäter Nidal R. an einem Sonntagnachmittag im Jahr 2018 auf dem Tempelhofer Feld endlich auch in den politischen Fokus gerückt«, sagt Benjamin Jendro. Er war früher als Polizeireporter für die *Bild*-Zeitung auf den Straßen der Hauptstadt unterwegs, mittlerweile ist er Pressesprecher der Gewerkschaft der Polizei (GdP) in Berlin. Er benennt die Probleme ohne Umschweife: Durch Nachlässigkeiten und stringentes Wegsehen in einer Vielzahl von Behörden und Ämtern hat sich unter den arabischen Clans die Überzeugung manifestiert, dass sie machen können, was immer sie wollen. Der Rechtsstaat hat es in seinen Augen verpasst, sie zu integrieren, als sie als Flüchtlinge aus Südanatolien und Palästina über den Libanon nach Deutschland kamen und sich in Berlin, Niedersachsen, Bremen und Nordrhein-Westfalen niederließen. Es war daher im Grunde nur eine Frage der Zeit, bis sich eine Parallelgesellschaft herausbildete. Zumal handele es sich bei diesen Personen größtenteils um Mhallami, bei denen die enge Bindung an den eigenen Clan ohnehin noch stärker besteht und die Bereitschaft, sich zu öffnen und andere Normen und Gesetze zu befolgen, dementsprechend gering oder gar nicht vorhanden sei. Bei den Mhallami handelt es sich um arabischsprechende Menschen, die ursprünglich in der Türkei und im Libanon leben.

Auch auf Bundesebene wird das Problem jetzt ernst genommen. Der Präsident des Bundeskriminalamts, Holger Münch, sagte in der Folge: »Wir sind sehr wachsam.« Ein Bundeslagebild zu kriminellen Großfamilien soll erstellt werden – das wird höchste Zeit. Wie auf einem Stammbaum müssen auf das ganze Land gesehen alle Erkenntnisse über die Clans abgebildet werden. Verbindungen von Familien. Gemeinsame Geschäftspartner, gemeinsame Immobilien, gemeinsame Geschäfte. Denn bislang war es einfach für die Clan-Mitglieder, sich ihrer Verfolgung zu entziehen, weil es keinen Informationsaustausch und wenig Kommunikation zwischen den einzelnen Bundesländern gab.

Das soll sich nun ändern. Der Berliner Bezirk Neukölln will sich vor allem um den Nachwuchs kümmern. Erstmalig kriminell auffallende Kinder und Jugendliche sollen vor die Wahl gestellt werden, ob sie in ein Wohnheim oder ins Jugendgefängnis gehen wollen. So will man versuchen, sie dem Einfluss durch die Familien zu entziehen. Ob dieser Wagen jetzt noch aus dem Dreck zu holen ist, bleibt fraglich.

Die Beerdigung von Nidal R. hat gezeigt, dass es zwar starke Verfeindungen zwischen den einzelnen Familien gibt, dass die Beteiligten aber dennoch miteinander verkehren. Denn bei der Beisetzung wurden Angehörige verschiedener, teils zerstrittener und verfeindeter Familien gesichtet. Sie alle eint ein Kodex – es wird niemand aufgenommen, der nicht zur Familie gehört. Das macht es gerade für die Ermittler unglaublich schwer, die inneren Strukturen aufzuklären und aufzuweichen. »Es ist uns nicht möglich, verdeckt operierende Beamte in die Clans einzuschleusen«, so ein Polizist. »Diese Familien halten die Reihen geschlossen und sind im Bedarfsfall sofort füreinander da.« Das beginne damit, dass man sich um Familienangehörige von Inhaftierten kümmere, und ende damit, dass im Falle einer Festnahme sofort zahlreiche Verwandte am Ort erscheinen.

Die Fernsehserie *4 Blocks* hat in der letzten Zeit von sich reden gemacht. Eindrucksvoll wird das Leben und Agieren einer arabischen und kriminellen Großfamilie dargestellt. Szenekenner und auch Polizisten sind sich einig, dass die einzelnen Folgen sehr realistisch aufzeigen, was sich auf den Straßen von Berlin, Bremen und Essen täglich abspielt. Wenngleich viele Polizisten der Meinung sind, dass die Serie weniger zur Abschreckung, sondern eher zur Verherrlichung des Phänomens Clan-Kriminalität beiträgt.

»Es ist schade«, so ein Beamter, »dass solche Serien und Filme keinen abschreckenden Charakter bei den Jugendlichen haben, sondern dass das Gezeigte als cool empfunden wird. Dass dies Jugendliche auf der Kippe eher dazu bringt, dabei sein zu wollen, als die Finger von solchen Organisationen zu lassen.« Dieser Beamte bezweifelt, dass man Jugendliche aus der Umklammerung der Clans entziehen kann. Denn die Familie ist alles, zählt als Einziges, ist die einzige Instanz. Und wer so etwas von Kindesbeinen an vorgelebt bekommt, wird niemals wagen, dem Sozialarbeiter zu folgen statt dem mächtigen Cousin.

Auf manchem Auge blind

Die Clans akzeptieren die deutschen Gesetze nicht. Gleiches gilt für ihre Landsleute anderswo. Sei es Schweden oder Frankreich.

Wo immer sich kriminelle arabische Großfamilien niedergelassen haben – die dortigen Vorschriften haben für sie keinen Bestand. Die einzig gültigen Gesetze für sie sind die der eigenen Familie. Kommt es innerhalb eines Clans zu Streitigkeiten zwischen Familienangehörigen, übernimmt zumeist ein hohes Familienmitglied die Angelegenheit und vermittelt zwischen den Betroffenen. Diese genießen Ansehen, ihr Wort ist Gesetz und wird befolgt – weil beide Seiten es anerkennen.

Das Problem der Parallelgesellschaft, gerade auch im Hinblick auf Friedensrichter, ist den Berliner Kriminalbeamten und auch den Schutzpolizisten auf den Straßen seit Langem bekannt. Dem Berliner Senat offenbar nicht. Auf eine parlamentarische Anfrage nach dem Anschlag auf dem Breitscheidplatz antwortete die Senatskanzlei auf die Frage nach Erkenntnissen über das Bestehen und Ausmaß einer islamischen Paralleljustiz in Berlin: »Eine islamische Paralleljustiz im Sinne von Scharia-Gesetzen oder einer institutionalisierten Parallel-Gerichtsbarkeit ist in Berlin nicht festzustellen. Auch spielen sogenannte (islamische) Friedensrichter nur eine stark untergeordnete Rolle.«

Ein Insider der Berliner Szene kann darüber nur lachen. »Es hört sich höhnisch an, aber ohne die Friedensrichter und deren Akzeptanz innerhalb der Clans hätten wir hier schon längst Zustände wie in Dodge City. Sie handeln zwar im kriminellen Milieu, aber durch die verhandelten Lösungen und Zahlungen sind viele Racheaktionen und damit noch mehr Verletzte und Tote verhindert worden.« Das allein ist für ihn ein klares Zeichen für die Kapitulation des deutschen Rechtsstaats. Das klingt logisch: Wenn der Staat unbewusst auf die Hilfe anderer Rechtssysteme zählen muss, damit die Gerichtsmediziner nicht noch mehr zu tun bekommen, ist dies ein Armutszeugnis für das Handeln – oder besser Nicht-Handeln – der vergangenen Jahrzehnte.

Lukrative schlichtende Eingriffe

Bei Auseinandersetzungen zwischen unterschiedlichen Familien wird ein neutraler Friedensrichter eingeschaltet. »Friedensrichter« – eigentlich ein schönes Wort. Frieden will schließlich jeder. Doch letztlich sind diese Männer, die von beiden Konfliktparteien geachtet werden und deren Entscheidungen Gesetz sind, ebenfalls Kriminelle – weil sie am geltenden Gesetz des jeweiligen Landes vorbei verhandeln. Das bedeutet, sie wissen von Straftaten, bringen diese aber nicht zur Anzeige, sondern verdienen selbst an der Vermittlung zwischen den Streithähnen mit. Ermittler haben bei Recherchen im Milieu erfahren, dass Friedensrichter bis zu 10 Prozent der ausgehandelten Summe für sich veranschlagen.

Ehre wird in den Clan-Strukturen großgeschrieben, und Blutrache ist ein großes Thema. Brutale Kriege sollen aber in jedem Fall vermieden werden, weil sie ausarten können. Der Friedensrichter soll dafür sorgen, dass es zu keinen weiteren Eskalationen kommt. Damit die Polizei nicht auf den Plan gerufen wird und durch Ermittlungen die sonstigen Geschäfte der Clans stört.

Friedensrichter sind keine Juristen, ihre Entscheidungen basieren auf eigenen Wertebemessungen, altem Stammesrecht und teils aus einer Interpretation der Scharia. Vorbei an den staatlichen Richtlinien trifft der eingeschaltete Schlichter sich unabhängig voneinander mit beiden Parteien. Er fragt die Forderungen der Familie ab, deren Mitglied zum Opfer wurde, und er holt »Angebote« des Clans ein, aus dessen Reihen der oder die Täter stammen. Dann sucht er nach Lösungen und unterbreitet sie den verfeindeten Gruppierungen.

Die Summen, um die es bei diesen Verhandlungen geht, sind teils immens. Insider berichten, dass für eine Körperverletzung bis zu 50.000 Euro Entschädigung bezahlt werden. Im Todesfall übersteigt die Summe nicht selten die 100.000-Euro-Marke. Ist der Schuldige beziehungsweise dessen Clan zum Zeitpunkt der Verhandlungen nicht zahlungsfähig, können auch Güter überschrieben werden. Es wurden auch schon Restaurants oder Spielcasinos für eine bestimmte Zeit den Geschädigten überlassen.

Erst im Juli 2019 konnte die Polizei durch intensive Vorermittlungen eine solche Verhandlung im Ruhrgebiet verhindern und Verdächtige festsetzen. Vorausgegangen war die schwere körperliche Misshandlung eines 18-Jährigen, der sich mit einer jungen Frau eines anderen Clans eingelassen hatte. Laut Polizei reisten sogar Mitglieder einer libanesischen Großfamilie aus Berlin an, um sich mit Landsleuten und einem Friedensrichter in einer Shisha-Bar in Essen zu treffen. Dort sollte das endgültige Urteil gefällt werden. Bei der Kontrolle der Personen und ihrer Fahrzeuge wurden Baseballschläger und ein Messer beschlagnahmt. Im Zuge der weiteren Ermittlungen durchsuchten die Beamten mehrere Objekte in Krefeld, Mülheim und Duisburg.

Aus den eigenen Reihen torpediert

Dabei geriet auch eine Polizistin ins Visier der Fahnder, die sich zu diesem Zeitpunkt noch in der Probezeit befand. Die aufgefundenen Beweise führten zu dem Verdacht, dass sie Dienstgeheimnisse an mindestens fünf Mitglieder einer Drogenbande verraten haben soll – konkret Daten aus dem Polizeicomputer, in der sich auch vertrauliche Anschriften und Ähnliches befinden. Sie wurde vom Dienst suspendiert.

Einem Berliner Polizeibeamten zufolge ist das genau die Angst, die viele Kollegen teilen. »Wir versuchen, uns und unsere Familien vor denen zu schützen, gegen die wir ermitteln und deren Machenschaften wir stören. Wenn wir aber in den eigenen Reihen Maulwürfe haben, die Informationen über uns verkaufen oder erpresst werden, um diese zu besorgen, fühlt man sich einfach nicht mehr sicher.« Selbst eine verratene Razzia berge viele Gefahren. »Die Verdächtigen können im Vorfeld alles beiseiteschaffen, was sie belasten könnte, und unsere monatelange Arbeit ist für die Katz.« Ausgeschlossen sei aber auch nicht, dass ein »Durchgeknallter« sich richtig mit der Polizei anlegen wolle und die Beamten schwer bewaffnet erwarte.

Sicherlich darf man niemanden unter Generalverdacht stellen, nur weil bei der Auswertung der Bewerbungsunterlagen herauskommt, dass er irgendeinen Bezug zu einer Großfamilie hat. Prüfen sollte man die Angelegenheit aber durchaus. Der Beamte meint, ihm sei es lieber, im Zweifel »gegen den Angeklagten« zu handeln und damit das Leben von Polizisten und deren Arbeit zu schützen.

Unbekannte Player

Das Problem für die Ermittlungsbehörden ist, dass über die meisten Friedensrichter kaum etwas bekannt ist. Als Laie stellt man sich vielleicht vor, dass man diese Personen, wenn sie einmal als Friedensrichter identifiziert wurden, »einfach nur« überwachen und abhören müsse, um zu erfahren, mit welchen »Fällen« sie beschäftigt sind – und dann zuschlägt, wie die Essener Polizei es tat. Doch so simpel ist es eben im wahren Leben nicht. Die Clans achten auf strikte Geheimhaltung, und wie bereits gesagt kann die Polizei schwer in die internen Strukturen, den Inner Circle, vordringen.

Ein Friedensrichter als Kronzeuge wäre Gold wert für die Beamten. Doch dazu – das wissen die Ermittler – wird es wohl nicht kommen. Abschottung ist das wichtigste Instrument der kriminellen Großfamilien und weist die Staatsmacht in ihre Grenzen. Sicherlich gibt es hier und da V-Leute, die etwas berichten, doch viel Handfestes kommt dabei nicht heraus. Wie heißt es so schön: »Wissen ist Macht.« Doch das entscheidende Wissen fehlt der Polizei eben leider häufig. Und selbst wenn sie von einer Sache erfährt, reicht die Beweislage oft nicht aus, um richterliche Beschlüsse für Abhör- und Observationsmaßnahmen zu bekommen. Die Gesetze müssen in dieser Hinsicht verschärft werden. Doch selbst das würde auf kurze Sicht nichts bringen. Denn bei den bestehenden Ressourcen der Hauptstadtpolizei wäre das, was da ans Licht käme, nicht zu bearbeiten.

Hawala-Banking und das Zahlungsdiensteaufsichtsgesetz

Wenn auch noch nicht ausermittelt, so scheint im Clan-Milieu das sogenannte Hawala-Banking eine immer größere Rolle zu spielen – ein in Deutschland verbotenes muslimisches Geldtransfersystem. Es stammt ursprünglich aus dem frühmittelalterlichen Orient, umgeht die hiesigen Banksysteme und funktioniert im Grunde ganz simpel:

- Jemand in Berlin möchte Geld in seine Heimat – sei es die Türkei oder der Libanon – überweisen.
- Um durch Einzahlungen hoher Summen in deutsche Banksysteme nicht aufzufallen, wendet er sich an einen Mittelsmann, dem er das Geld übergibt.
- Dieser hat Kontakte zu Banken oder vermögenden

Personen in den jeweiligen Ländern, die dann die in Deutschland eingezahlte Summe vor Ort auszahlen oder auf ein Bankkonto überweisen.

- Ein vorher gemeinsam vereinbarter Code löst die Transaktion aus.
- Für die Transaktion wird eine Provision erhoben. Über deren Höhe liegen den Ermittlungsbehörden allerdings keine gesicherten Erkenntnisse vor.

Die Spezialabteilung der Berliner Staatsanwaltschaft für Organisierte Kriminalität ist zu der Erkenntnis gekommen, dass Hawala von arabischen Täterkreisen im Bereich von Drogengeschäften genutzt wird. Auch organisierte Schleuser verschleiern auf diesem Wege ihre Geldströme.

Deutschland, ein Geldwäscheparadies

Die Aufklärungsrate in diesem Deliktsfeld ist eher dünn. Zwischen den Jahren 2012 und 2016 gab es in der deutschen Hauptstadt gerade einmal 51 Ermittlungsverfahren wegen des Verdachts auf »Verstoß gegen das Zahlungsdiensteaufsichtsgesetz«. 18 davon wurden wieder eingestellt, in acht Fällen wurden Geldstrafen verhängt. Laut Angaben des Berliner Senats im Juni 2017 liegen keine weiteren Details dazu vor, da »gesonderte statistische oder verfahrensübergreifende Erhebungen dazu nicht geführt werden«.

Das muss sich ändern. Wenn der Begriff »Hawala-Banking« bekannt ist, und das seit Jahrzehnten, wenn es sogar Wikipedia-Einträge dazu gibt und wenn bereits entsprechende Verfahren in Berlin geführt wurden, müssen die Behörden ihren Fokus darauf intensivieren. Nur, wenn die Geldflüsse der Clans und auch anderer krimineller Vereinigungen erhellt werden, ist dem Problem der Organisierten Kriminalität beizukommen. Ansonsten rennen die Staatsanwälte bei ihren Ermittlungen gegen Wände.

Warum, das fragt man sich. Im legalen Bankensektor verfolgt der deutsche Staat doch auch mit illegal beschafften Dateien aus dem Ausland Steuer- und Geldwäschekriminalität. Doch in puncto Clan-Kriminalität wird dieses Feld nicht erhellt, obwohl ein weiterer sicherheitsrelevanter Aspekt naheliegt: Auf diesem Transferwege könnten auch Gelder für terroristische Aktivitäten fließen. Geld kann schließlich nicht nur aus Deutschland in die Türkei, in den Libanon, in den Irak oder nach Syrien fließen – es kann auch von dort kommen.

Ein Fall aus dem Sommer 2019 belegt, dass es für diese Sorge durchaus Anlass gibt: Beamte des Landeskriminalamts Schleswig-Holstein nehmen Mitte Juni den 31 Jahre alten Hassan Rejan B. aus dem Kosovo im Kreis Pinneberg fest. Er soll größere Geldbeträge an die Terrororganisation »Islamischer Staat« transferiert haben, insgesamt 15.000 Euro. Der Beschuldigte soll Mittelsmann gewesen sein und in Deutschland erhaltenes Geld über weitere Mittelsmänner an einen IS-Kämpfer nach Syrien weitergeleitet haben. Gegen ihn wurde Haftbefehl erlassen, er wurde mittlerweile dem Bundesgerichtshof in Karlsruhe vorgeführt.

Doch der Berliner Senat verlautbarte auf Anfrage: »Durch die Polizei Berlin wurden keine Ermittlungsverfahren wegen Verdachts der Terrorismusfinanzierung [...] infolge belegbaren Hawala-Bankings geführt.« Warum wird diesbezüglich nicht intensiver ermittelt? Der Terroranschlag auf dem Berliner Breitscheidplatz wäre doch Grund genug, dieser Form des Transferierens hoher Geldsummen genauer auf den Grund zu gehen.

Auch die kriminell organisierten Hells Angels in Berlin sollen das Hawala-Banking genutzt haben, um ihr Geld in die Türkei zu schaffen. Gemeint ist der mittlerweile verbotene Charter der türkischen Höllenengel aus Berlin unter der Führung des ehemaligen türkischen Boxers Kadir P. Diese Gruppierung hatte sich durch besondere Brutalität in der Hauptstadt hervorgetan und in verschiedenen Kriminalitätsfeldern Geld gemacht. Ermittler des LKA berichten von Schutzgeld, Menschen-, Waffen- und Drogenhandel. Dem Geld kam man selten auf die Spur – weil die Kriminellen eben das Hawala-Banking nutzten, um die erwirtschafteten Summen in die Türkei zu überweisen, wo sie teilweise von Familien verwaltet oder in Immobilien gesteckt wurden. »Und in der Türkei, da sind wir uns sicher, wurde das Geld dann in Hotels oder Restaurants gesteckt. Die Behörden arbeiten mit uns nicht zusammen. Das Geld ist weg und sauber«, so ein Beamter.

Jeder ist gleich vor dem deutschen Gesetz, auch wenn er es selbst nicht akzeptiert. Aber ein Mann wie Uli Hoeneß saß tatsächlich wegen Steuerhinterziehung im Gefängnis, während dieses Kriminalitätsfeld offenbar kaum erhellt wird.

Was zu tun wäre

Zwei Phänomene, mit denen sich die Ermittlungsbehörden Berlins und auch der Senat anscheinend nicht auskennen oder überfordert sind: zum einen die Friedensrichter, die die Arbeit der deutschen Richter, Staatsanwälte und Anwälte übernehmen, zum anderen die Hintermänner des Hawala-Bankings, die das hiesige Bankensystem umgehen. Beide Phänomene sind bekannt, sonst würden die Zeitungen nicht darüber berichten, und sonst hätte es auch keine Ermittlungsverfahren wegen des Bankings gegeben. Man darf schon die Frage stellen, warum die deutschen Behörden nicht intensiver ermitteln.

Aus meiner Sicht ist es ganz klar: Die Bekämpfung von Organisierter Kriminalität und Terrorismus darf nicht mehr getrennt voneinander gesehen werden, sondern es muss von oben intensiv auf beide Arbeitsfelder geblickt werden. Denn es wird wohl kaum Hawala-Banker geben, die sich ausschließlich mit der Terrorfinanzierung beschäftigen, und solche, die sich nur für die kriminellen Clans hergeben. Das wäre Schildbürgerdenken. Ansatzpunkte, im Polizeijargon »Anfasser« genannt, sind also da. Eine Umstrukturierung, ein Umdenken im Umgang mit verschiedenen Kriminalitätsfeldern ist mehr als nötig!

Einschüchterungstaktik und erschwerte Ermittlungen

Sjors Kamstra ist Oberstaatsanwalt in Berlin, zuständig für Organisierte Kriminalität. Wer ihn in seinem

Dienstbüro besuchen will und im Vorfeld nicht die genaue Zimmernummer genannt bekommen hat, wird ihn nicht finden. Er steht nicht in den Verzeichnissen der Berliner Justiz. Und auch die wenigsten Justizvollzugsbeamten wissen, wo sein Schreibtisch steht. Selbst seine Durchwahl oder die seiner Sekretärin ist nicht aufgelistet. Denn der Mann ermittelt gegen Schwerstkriminelle. Sicherheit geht vor.

Er spricht es deutlich aus, und nicht jedem Politiker kann seine Meinung gefallen: »Die Clans sorgen dafür, dass das Vertrauen in die Staatsgewalt schwindet. Sie zeigen auf offener Straße, dass ihnen die Staatsmacht völlig egal ist, dass sie tun können, was sie wollen.« Auf der täglichen U-Bahn-Fahrt zu seiner Dienststelle im Berliner Stadtteil Moabit bekommt Kamstra so einiges mit. Er erinnert sich noch genau an eine Begebenheit: In seinem Waggon saßen zwei Studentinnen und zwei Männer aus dem arabischen Milieu. Die Ordnungshüter waren auf der Suche nach Schwarzfahrern. »Erst werde ich kontrolliert, dann die beiden Studentinnen, die zwei Schränke nicht.« Alltag in Berlin.

Er erzählt auch von den Sorgen der Streifenpolizisten: »Junge Beamte sehen einen teuren Sportwagen mitten auf der Straße stehen, darin sitzt der Fahrer und telefoniert. Sie trauen sich nicht einzuschreiten. Sie fürchten, der Fahrer telefoniert dann eine Menge Freunde herbei. Sie fragen mich: ›Was sollen wir tun?‹ Ich sage ihnen: ›Nehmt ihm das Handy ab.‹« Menschen, die in Neukölln leben, bekommen noch viel mehr mit – wenn beispielsweise verfeindete Clans ihre Streitigkeiten auf offener Straße austragen, mit Messern und Eisenstangen und Axtstielen, und die Polizei diesen großen, aufgebrachten Menschenmengen nicht mehr Herr wird. Das sendet ein klares Signal: Der Staat ist auf eigenem Boden schwach.

Stehen Clan-Mitglieder vor dem Richter, schütze sie ein »unsichtbarer, aber höchst wirksamer Kokon«. Das liegt einerseits schon an dem Familiennamen. Zum anderen daran, dass wie im Prozess gegen die Beschuldigten nach dem Raub auf das Poker-Turnier zahlreiche arabischstämmige Männer mit finsteren Mienen auf den Besucherbänken sitzen. Der übliche Ablauf: Ein Clan-Mitglied wird angezeigt, etwa wegen gefährlicher Körperverletzung. Das Opfer wird erst bedroht, dann wird ihm Geld geboten. Letztlich schweigt der Geschädigte in der Hauptverhandlung. »Zeugen haben Angst auszusagen«, so Kamstra. »Diese Angst wirkt bis in den Gerichtssaal. Es reicht schon, den Namen des Angeklagten zu nennen.« In einem Fall wollte sich der Staat dies nicht gefallen lassen – gegen einen Zeugen wurde Anklage wegen Falschaussage erhoben, weil er unmittelbar nach einem Angriff auf seine Person zwar bei der polizeilichen Vernehmung eine Aussage gemacht, aber in der Verhandlung geschwiegen hatte.

Noch unter Schock nach der Attacke fühlen sich die Opfer sicher. Weg von den Tätern, umsorgt von Rettungssanitätern, Ärzten, Polizisten. Die Angst kommt danach, wenn sich das Opfer mit der Tat beschäftigt. 15 bis 30 Minuten haben die Ermittler nach der Tat Zeit, um eine Aussage zu fixieren. Mehr nicht. Das sind Erfahrungswerte der Polizei. Und das macht die Arbeit für die Juristen so schwierig. Denn durch ausbleibende Zeugenaussagen werden technische Beweise umso wichtiger.

Einmal habe Kamstra einen Großen Lauschangriff genehmigt bekommen, die Hürden dafür seien hoch: Ohne Wissen des Betroffenen darf nur dann abgehört werden, wenn jemand eine besonders schwere Straftat begangen hat oder plant. Aber auch, wenn durch die Maßnahme zu erwarten ist, dass eine verübte Tat aufgeklärt oder Mittäter ermittelt werden können. Die Voraussetzungen für einen solchen Beschluss sind allerdings streng formuliert. Das Bundesverfassungsgericht erließ diese Vorgaben, damit »zunächst andere und in die Rechte des Beschuldigten weniger einschneidende Maßnahmen in Erwägung gezogen werden müssen«.

Observationen durch Spezialisten scheitern an ebendiesen Hürden. Es ist schwer für die Staatsanwälte, richterliche Beschlüsse zu bekommen. Es hapert auch an Personal und Technik, der Berliner Polizei fehlen zudem Informationstechniker. »Um einen beschlagnahmten PC ordentlich auswerten zu können, haben wir in Einzelfällen bis zu eineinhalb Jahre Wartezeit«, so Kamstra. Seiner Meinung nach braucht es einen richterlichen Bereitschaftsdienst, »der gegebenenfalls auch zur Nachtzeit richterliche Vernehmungen umsetzt, um Zeugenaussagen zu konservieren«.

Auch das deutsche Steuergeheimnis bremst die Ermittler aus. »Wir dürfen nicht reinschauen in die Steuererklärung, also sehen, wo hat er Eigentum, welche Firma gehört ihm, wo parkt er sein Geld?« Oft genug versickert Clan-Geld ins Ausland, etwa in die Türkei oder nach Beirut. »Meine Sorge ist, dass wir mit dem bestehenden rechtlichen, personellen und technischen Instrumentarium nicht einmal mehr das aufrechterhalten können, was wir bislang immerhin erreicht haben.«

Bis Ende Dezember 2014 waren in der deutschen Hauptstadt 56.591 Männer mit der Staatsangehörigkeit der palästinensischen Gebiete oder dem Libanon gemeldet. 2014 gingen 37,5 Prozent aller OK-Verfahren auf das Konto arabischer Clans. 2016 gab es in Berlin 61 OK-Komplexe, neun davon wurden von Arabern dominiert.

Waffen spielen zudem eine immer größere Rolle. Zwar bislang mehr Messer als Feuerwaffen, aber die Clans hätten, wenn sie wollten, laut Kamstra keine Schwierigkeiten, sich mit Waffen aller Art auszustatten.

Über die Frage, ob Berlin den Kampf gegen die Clans gewonnen oder verloren hat, streiten sich die Experten. Ein Politiker wird dies ungern zugeben, viele Polizisten würden es gern herausschreien. Sie würden sich eine ehrlichere Diskussion darüber wünschen, ob es No-go-Areas gibt oder nicht. »Ich würde mich als Mensch jüdischen Glaubens nicht mit einer Kippa durch Neukölln trauen«, berichtete mir ein Beamter, der anonym bleiben will. »Ist das nicht schon No-Go, wenn jemand ob seines Glaubens in einem bestimmten Stadtteil in Gefahr gerät? Ist es nicht No-Go, wenn sich eine Funkwagenbesatzung aus einer Massenschlägerei heraushält, bis Unterstützung da ist?«

Fehlende Integration

Der Verfassungsschutz hat schon vor Jahren auf die Gefahren durch fehlende Integration und die dadurch entstehenden Parallelgesellschaften hingewiesen. Parallelgesellschaften sind der Nährboden für Clan-

Kriminalität. Wer nicht integriert ist, kann sich den Strukturen der Familien nicht entziehen. Er kann nicht erkennen, lernen und begreifen, dass es in Deutschland andere Werte und Gesetze gibt als in der Familie. Denn man muss in Berlin nicht die deutsche Sprache in Wort und Schrift beherrschen, um hier leben zu können.

Es gibt arabische und türkische Zeitungen. Es gibt arabische und türkische Supermärkte. Es gibt arabische und türkische Lokale und Restaurants. Es gibt die Möglichkeit, Fernsehsender aus der Türkei und Arabien zu empfangen, teils mit propagandistischen Beiträgen. Und es gibt immer mehr muslimische Familien, denen es egal ist, ob ihre Kinder auch regelmäßig die Schulbank drücken – eines der Grundprobleme. Die Behörden sind der Meinung, dass man den Clans die neuen Generationen entziehen muss, sie einführen muss in unser Wertesystem. Sonst sind diese Jugendlichen für unsere Gesellschaft verloren.

Stolpersteine bei den Ermittlungen

Aus vielen Gesprächen mit Beamten weiß Benjamin Jendro: Trotz akribischer Ermittlungen, gesammelter Beweise und Zeugenaussagen, die zu einem Gesamtbild beitragen, sodass kaum mehr Zweifel an einer Tatbeteiligung bestehen – die Fälle also im Grunde komplett aufgeklärt sind –, kam es in der Vergangenheit viel zu oft zur Einstellung der Ermittlungen, zu Freisprüchen oder zu viel geringeren Haftstrafen, weil Zeugen ihre Aussagen widerriefen und dadurch Beweisketten zerfleddert und nicht berücksichtigt wurden. »Das sei ein clanspezifisches Phänomen. Dass ein Herr wie Arafat Abou-Chaker über dreißig Einträge zählt, aber dank der bestbezahlten Anwälte bis zum Januar 2019 immer wieder mit einem Lächeln aus dem Gerichtssaal spazierte und da seine erste Verurteilung – natürlich auf Bewährung – bekam, ist Sinnbild für viele vergleichbare Verfahren«, so Jendro.

Zudem – und das ist auffällig – werden die Kriminellen durch die anwaltliche Beratung immer cleverer. Jendro erinnert sich an den Überfall auf das Berliner Prachtkaufhaus KaDeWe, bei dem ein Handschuh mit der DNA eines Angehörigen der Familie Al-Zein gefunden wurde. Dieser hatte einen eineiigen Zwillingsbruder, die DNA war also nicht eindeutig zuordbar. Ein Umstand, den die Anwälte der Familie zugunsten des Angeklagten ausnutzten. Bei dem spektakulären Einbruch ins Berliner Bode-Museum, bei dem eine gigantische Goldmünze erbeutet wurde, sagte einer der Tatverdächtigen, dass er ein für den Coup genutztes Kantholz im Baumarkt zwar angefasst, aber wieder zurückgelegt habe. Und schon wackelt die Beweisführung der Sicherheitsbehörden. Nun muss ihm nachgewiesen werden, wann und wo er den Gegenstand berührt hat.

Was den Gewerkschaftspressesprecher besonders ärgert, ist der Umstand, dass man den Clans seit kurzer Zeit zwar auch politisch den Kampf ansage, aber außer einem behördenübergreifenden »Brötchenessen« bisher nicht viel übrig bliebe. Und auch die jüngsten Aktionen von Justiz und Polizei in der Hauptstadt, wie Razzien in Shisha-Bars und anderen Lokalen, hätten mit der politischen Ambition gleich gar nichts zu tun, sondern sowieso stattgefunden. So äußerte sich mir gegenüber ein Staatsanwalt. Es passe nur gerade in die politische Agenda, die aktuellen Ermittlungen mit einem Versprechen an die Bevölkerung zu verbinden.

Die Taktiken liegen laut Aussagen vieler Polizisten seit Jahren auf der Hand – umgesetzt werden sie bislang nur im Berliner Problembezirk Neukölln. Dort gehen Ordnungsamt, Zoll, Sozialarbeiter, Polizei und Justiz regelmäßig durch den Kiez, führen Personenkontrollen in Shisha-Bars durch und treten Falschparkern mit ihren aufgemotzten Luxusfahrzeugen auf die Füße. »Das sind natürlich nur Nadelstiche«, berichtet Jendro, aber die Clans mögen es nicht, wenn man ihnen auf diese Art und Weise Druck macht. Gleiches gilt für die durchgeführten Razzien in Berlin, Bremen und Nordrhein-Westfalen: Niemand mag einen »Hausbesuch« durch vermummte und schwer bewaffnete SEK-Beamte, und niemand freut sich über eine Kontrolle durch die Ordnungsmacht bei einem gemütlichen Abend im Lokal.

»Es wurmt diese Herrschaften immens, wenn sie abends nicht mit ihrer Protzkarre durch den Kiez fahren können, weil diese abgeschleppt wurde, nachdem sich der Halter ignorant und arrogant auf einen Behindertenparkplatz gestellt hat«, so Jendro. Gerade diese Arroganz registrieren viele Polizisten auf den Straßen. »Die Araber und auch die Türken reden immer von Ehre und Respekt den Alten gegenüber«, erzählt ein Streifenbeamter. »Aber dieser Respekt gilt nur für die eigenen Angehörigen oder Landsleute. Ob der deutsche gehbehinderte Opa seinen Wagen wie vom Amt geplant und extra ausgewiesen vor seiner Haustür parken darf, ist denen schlicht egal.«

Jendro und seine Gewerkschaftskollegen begrüßen es, dass der Rechtsstaat aktuell beweise, auch kleinste Gesetzesübertretungen nicht mehr hinzunehmen. »Natürlich muss die Quintessenz aus all den Maßnahmen auch sein, dass irgendwann längere Haftstrafen ausgesprochen werden und den Beschuldigten das Geld und damit ihre Lebensgrundlage entzogen wird.« Damit wäre das Thema Beweislastumkehr auf dem Tisch, die seit Jahren von Sicherheitsexperten aus Polizei und Justiz gefordert wird – denn üblicherweise muss einem Verdächtigen eine Straftat erst einmal nachgewiesen werden, bevor der Staat eingreifen kann.

Doch es ist nicht alles Gold, was glänzt. »Anders als oft dargestellt, haben wir bei der Vermögensabschöpfung durch die Gesetzesänderung 2017 zwar einen zeitlichen Vorteil, weil sich Gelder und Sachmittel schneller beschlagnahmen lassen«, erklärt Jendro. »Am Ende aber müssen die Behörden trotzdem faktisch nachweisen, dass es sich um inkriminiertes Vermögen handelt. Es darf kein Zweifel daran bestehen, dass das nicht doch aus legalen Mitteln stammen könnte.« Da sei man dann schnell bei der Tante im Libanon, die gerade drei Häuser verkauft hat, aber, wie der Zufall es so wolle, keine Grundbucheinträge oder Vergleichbares vorweisen kann. »Die Ermittlungen enden spätestens an der libanesischen Landesgrenze. Ohnehin gibt es in Deutschland bereits Zweifel an der Rechtmäßigkeit der Gesetzesänderung.« Deutschland ist nicht ohne Grund das Geldwäscheparadies. Nach Schätzungen von Experten werden jährlich etwa 100 Milliarden Euro auf deutschem Boden in Geschäfte gesteckt und kommen anschließend als sauberes Geld wieder heraus.

Die italienischen Behörden sind laut Jendro weitaus weniger zimperlich mit der Organisierten Kriminalität, bei der Vermögensabschöpfung gibt es dort die komplette Beweislastumkehr. »Die Hälfte des beschlagnahmten Geldes wird in karikative Zwecke investiert, die andere in die Ausstattung der Sicherheitsbehörden.« Darüber hinaus gibt es einen Paragrafen, der allein die Zugehörigkeit zu einer mafiaähnlichen Gruppierung unter Strafe stellt. Zustände, von denen deutsche Staatsanwälte und Polizisten nicht einmal zu träumen wagen.

Laut Gewerkschaft der Polizei sollte Italien ohnehin ein Vorbild in Sachen Bekämpfung der Organisierten Kriminalität sein. Dem Jugendrichter Roberto di Bella fiel einst auf, dass auf der Anklagebank nicht nur immer dieselben Männer saßen, sondern dass diese nach Verbüßung ihrer Haftstrafen noch krimineller wieder auf die Menschheit losgelassen wurden, als sie es ohnehin schon waren. Unter dem Namen »liberi di scegliere«, was übersetzt so viel wie »frei wählen« bedeutet, wurde auf seine Initiative hin ein spezielles Programm entwickelt, bei dem jugendliche Intensivtäter vor die Wahl gestellt werden: Entweder sie verschwinden hinter Gittern, oder sie nehmen an diesem Programm teil, bei dem sie bis zum Alter von 18 Jahren von Psychologen und Institutionen begleitet werden. Wer mitmacht, wird absichtlich geschockt und unter Druck gesetzt, denn ein Teil des Programms sieht vor, die Täter mit ihren Opfern zusammenzubringen.

Was Polizisten, Richtern und Staatsanwälten immer wieder auffällt, ist, dass insbesondere den Clan-Mitgliedern das Unrechtsbewusstsein fehlt. Das führt auch dazu, dass die Frauen der Beschuldigten die später verhängten Strafen nicht als solche sehen, weil das Handeln ihrer Männer für sie der normale Alltag ist, die normale Einnahmequelle für die Familie. »Daraus«, so Jendro, »resultiert die Ablehnung unserer Werte und Richtlinien. Wird an diesem Punkt nicht gegengesteuert, verfestigt sich diese Einstellung, und es gilt nur noch das Recht der Clans und der bei Streitigkeiten eingesetzten Friedensrichter.«

Um an dieser Stellschraube zu drehen, müssten alle Beteiligten, also auch Schulen und die Finanz- und Sozialämter, zusammenarbeiten. Es müssten Meldungen erfolgen, wenn bei einem Schüler kriminelle Energien oder vielleicht schon extremistische Ambitionen zu erkennen sind. »Wenn jemand beim Sozialamt erscheint, um seine Bezüge abzuholen, und dabei eine goldene Rolex am Handgelenk trägt, muss der Sachbearbeiter dies erkennen und weiterleiten. Sozialhilfe und Kindergeld gelten bei den entsprechenden Personen längst als stete, gewöhnliche Einnahmequelle, wie ein Arbeitslohn«, erzählt Jendro.

Was Berlin bisher versäumt hat und was jetzt endlich in die Tat umgesetzt wird, ist die Erstellung eines sogenannten Lagebilds krimineller Strukturen. Denn nur wenn die Polizei sozusagen aus der Vogelperspektive einen Überblick erhält und gegebenenfalls Verbindungen in die unterschiedlichen Stadtteile erkennen kann, ist eine effiziente Auseinandersetzung mit der Clan-Kriminalität überhaupt möglich.

Nach Angaben eines Ermittlers ist aber ebenso

wichtig, unbewaffneten Ordnungshütern die Angst vor den gefährlichen und aggressiven Clan-Mitgliedern zu nehmen. Mitarbeiter in den Ämtern werden oft bedroht und segnen lieber einen zu Unrecht ausgestellten Bescheid ab, als sich mit einem Clan-Mitglied anzulegen. Denn schließlich weiß dieser ja, wo der Beamte arbeitet. Viele Mitarbeiter der Ordnungsämter klemmen zwar ein Knöllchen an den Familienwagen, der die bezahlte Parkzeit überschritten hat, trauen sich aber nicht, den in der zweiten Reihe abgestellten Luxuswagen aufzuschreiben. Wäre Berlin personell und logistisch in der Lage, alle Zweite-Reihe-Parker abschleppen zu können, würde das der Ansicht vieler Polizisten nach für großen Frust bei den Clans sorgen. Doch noch beherrschen sie die Straßen. Noch ducken sich die Mitarbeiter der Ordnungsämter weg, wenn ein Zwei-Meter-Mann mit Anabolika-Muskeln auf sie zugeht. Und auch bei den Ermittlern des Landeskriminalamts herrscht Beklemmung, wenn sie nach einer Aussage gegen einen Clan-Angehörigen im Gerichtssaal diesem Tage später auf der Straße begegnen, während sie vielleicht noch ihr Kind an der Hand haben.

Und genau an dieser Stelle beißt sich die Katze in den Schwanz. Wie soll unbewaffneten Mitarbeitern des Ordnungsamts die Angst vor den kriminellen Großfamilien genommen werden, wenn sich selbst bewaffnete Polizisten und Ermittler bedroht oder unwohl fühlen?

Die Clan-Kriminalität steht mittlerweile auf der Agenda vieler Verantwortlicher der Politik. Es ist ein sehr aktuelles Thema. Aber ob die geforderten Veränderungen in puncto Aufstellung bei den Landeskriminalämtern und Aufstockung bei den Polizeibehörden tatsächlich kommen werden, ist ungewiss. Gerade Berlin weiß im Hinblick auf den letzten Punkt ein Lied zu singen. Im Moment ist das Thema Clan-Kriminalität in aller Munde, doch so etwas kann sich schnell wieder ändern: Ein Terroranschlag in Berlin – und es werden neue Prioritäten gesetzt. Der Mord an dem Politiker Walter Lübcke, der sich Anfang Juni 2019 ereignete, schreit nach intensiven Ermittlungen in der rechtsextremistischen Szene. Die Bürger sind empört, und das mit Recht. Sie wollen Aufklärung und keine rechte RAF und keinen neuen NSU. Also wird die Polizei neue Schwerpunkte setzen müssen. Es ist nicht unwahrscheinlich, dass die Bekämpfung der Clans dadurch zwar nicht in Vergessenheit gerät, aber einen geringeren Stellenwert einnehmen wird.

Personalmangel und aufwendige Ermittlungen

Nur durch permanenten Druck auf die Szene können die Clans verunsichert werden. Doch an diesem Punkt wird wieder einmal das größte Problem der Hauptstadtpolizei sichtbar: Es fehlt an Personal. Sicherlich ist es einem Bundesland wie Nordrhein-Westfalen möglich, 1.300 Beamte auf die Straße zu bekommen, wenn die Lage eskaliert oder Schwerpunkteinsätze gefahren werden müssen. Das tut der Bevölkerung gut, das zeigt ihr, dass der Staat sie schützen will. Damit hat die dortige Polizei das Problem natürlich längst nicht im Griff, aber sie kann andere Zeichen setzen.

In Berlin, der Hauptstadt der Bundesrepublik

Deutschland, sieht die Welt ganz anders aus. Nicht nur die alltägliche Kriminalität gilt es zu bekämpfen, sie hat eben hauptstadtbedingte Zusatzaufgaben zu bewältigen: die Besuche gefährdeter Politiker wie US-Präsidenten oder Staatschefs aus Israel, Fußballspiele von Vereinen mit gewaltbereiten Fans, unzählige kleine Demos unzähliger Verbände, und jedes Jahr der 1. Mai mit seinen längst zur Routine gewordenen Ausschreitungen. Zwar wurden diese in den letzten Jahren zunehmend friedlicher, dennoch muss das »MyFest« von der Bereitschaftspolizei gesichert werden, und zwar meist, bis am 2. Mai die Sonne aufgeht.

Auch wenn es für viele jenseits der Polizeipräsidien ein nicht mehr zu ertragendes Totschlagargument ist: Es fehlt gerade bei der Berliner Polizei schlicht und ergreifend an Personal. Darauf hat die Polizeigewerkschaft immer wieder hingewiesen. »Wir haben in Berlin wegen der jahrelangen Einsparungen heute so viele Polizisten wie vor 18 Jahren auch schon«, listet GdP-Sprecher Jendro auf. »In dieser Zeit ist die Bevölkerung aber um 400.000 Menschen gestiegen und die Zusatzaufgaben gleich mit. Wir zählen mittlerweile 5.000 Demonstrationen und Großevents im Jahr, der internationale Terrorismus und das Internet als Plattform für kriminelle Handlungen erreichen einen immer höheren Stellenwert.« Pro Direktion sind in Berlin pro Nacht zwei Funkwagen für den »Erstangriff« unterwegs. Gemeint sind die ersten Beamten, die am Tatort eintreffen. Nimmt einer einen Unfall auf und der andere muss eine Kneipenschlägerei schlichten, wird es eng.

Und auch mit der Moral steht es nicht zum Besten. Denn während die Polizeiführung und auch die zuständige Politik leugnet, dass es No-go-Areas gibt, in die sich die Polizei nicht mehr hineintraut, so bestätigen dies Polizisten. Wer will schon als 40-Jähriger mit einer weiblichen Kollegin zu einer Massenschlägerei zwischen zwei verfeindeten Großfamilien rasen? Einer Klientel, die nicht nur vor der Staatsmacht keinen Respekt hat und vor Frauen in Uniform schon gleich gar nicht, sondern auch nicht davor zurückschreckt, die Beamten tätlich anzugreifen, festgenommene Verwandte oder Freunde zu befreien, die Polizistinnen anzuspucken und die Familien der Beamten zu bedrohen? Immer wieder werden die Beamten mit Smartphones fotografiert, und es wird gedroht, ihre Familie auszurotten.

»Darüber hinaus gibt es viele gesetzliche Barrieren, die die Arbeit gegen die Clans verhindern. Dazu gehört beispielsweise die noch nicht praktizierte Videovernehmung«, so Jendro. Gemeint ist damit, dass Zeugen und Opfer bei der ersten Vernehmung durch die ermittelnden Beamten gefilmt werden, damit der Staat etwas in der Hand hat, falls es im Nachgang zu Einschüchterungen und dem Fließen von Schmiergeldzahlungen kommt.

Für eine professionelle Observation eines Verdächtigen rund um die Uhr werden nach Angaben eines ehemaligen MEK-Beamten mindestens 30 Beamte benötigt – und es gibt etwa 170 operative MEK-Beamte in der Hauptstadt. Acht Mann à drei Schichten, hinzu kämen Logistiker und Kollegen, die den Einsatz von der Dienststelle aus koordinieren und gleichzeitig noch für die technische Überwachung zuständig sind.

Doch seit dem Aufflammen des internationalen

Terrorismus sind die Observationsspezialisten des MEK damit beschäftigt, die zahlreichen sogenannten »Gefährder« zu überwachen. In Berlin sind mehr als 130 Personen im Visier, davon etwa 70 »Gefährder«, der Rest sind sogenannte »Relevante«, also eine Stufe darunter, was die Gefährlichkeit angeht. »Wir fahren diesen Leuten bis zu ihrer Moschee hinterher und warten dann manchmal bis zu fünf Stunden, bis diese mit ihren Gebeten und Gesprächen fertig sind«, berichtet ein Beamter. Oftmals sind diese Observationen jedoch nicht lückenlos, was das Unterfangen im Grunde überflüssig macht, weil es viel zu viele Gelegenheiten gibt, in denen ein mutmaßlicher Terrorist Absprachen treffen oder Waffen basteln könnte. Das mindert die Schlagkraft des Landeskriminalamts in puncto Organisierte Kriminalität.

Der ehemalige SEK-Chef Martin Textor weiß um die Umstände in Berlin, und er ist anderer Meinung als viele von denen, die die Stadt und den Kampf gegen die Clans generell als verloren ansehen: »Ein Rechtsstaat ist immer angreifbar und eine Demokratie immer in Gefahr. Wir dürfen uns das nicht bieten lassen. Wir müssen diesen arabischen Clans die Lebensfreude nehmen. Wir müssen sie immer wieder piken, auch bei Kleinigkeiten. Wir brauchen ein generelles Messerverbot in der Öffentlichkeit.« Doch Berlin hat laut Gewerkschaft der Polizei nicht die personellen Möglichkeiten, um den Überwachungsdruck auf die Szene permanent aufrechtzuerhalten. Die Behörden müssen ob mangelnder juristischer Werkzeuge mitansehen, wie illegal erworbenes Geld in legales Geld umgewandelt wird.

Der Fall Mahmoud A.

Wie ein Krimi liest sich das, was die Ermittler zusammentragen konnten. Und es ist auch ein Krimi, nur leider ein realer. Ein vermeidbarer? Darüber gibt es viele unterschiedliche Meinungen.

Im Jahr 1982 reist Mahmoud A. nach Deutschland ein. Er legt den Behörden seinen libanesischen Fremdenpass vor. Damit sind Dokumente gemeint, die an Personen mit ungeklärter Staatsangehörigkeit oder an Staatenlose ausgegeben werden. Immer wieder stellt er Asylanträge, aber keiner wird bewilligt. Straftaten häufen sich. Die Behörden fordern ihn zur Ausreise auf. Abschieben können sie ihn nicht, denn dafür hätte es eines gültigen Passes bedurft. Familienangehörige und auch seine Frau verfügen über die deutsche Staatsangehörigkeit, das Sozialamt zahlt. Doch der Mann wirkt so gar nicht wie ein Sozialhilfeempfänger. Mehr wie ein reicher Mann, denn er fährt nicht mit dem Bus oder der U-Bahn, sondern in teuren Limousinen, zur Verfügung gestellt von einem deutschen Finanz- und Immobilienmakler. Er führt bis zu 250 Telefonate am Tag.

Der Mann erreichte Bekanntheit. Da wurde bereits gegen ihn ermittelt. Die ARD strahlt im Jahr 1997 den Film *Der Rotlichtprinz* aus über einen »Unternehmer« des Stuttgarter Platzes – eine Gegend, in der man abends nicht mit seinen Kindern spazieren und ein Eis essen geht, eine der gefährlichen Ecken Berlins. Mit dem Rotlichtprinzen ist Steffen J. gemeint – und an seiner Seite stets Mahmoud A. Mehr und mehr erlangt Mahmoud A. damals den Ruf, *die* Berliner Unterweltgröße zu sein.

Den Ermittlern fällt auf, dass es Verbindungen zu anderen Verfahren gegen Libanesen und libanesische Kurden gibt, nicht nur in Berlin, sondern deutschlandweit. Auch Kontakte ins europäische Ausland werden sichtbar. Es geht um Kokain, und alles führt in eine Richtung: in die Niederlande. Genauer gesagt: zu einem Cousin von Mahmoud A. Die Kokaintransporte werden über Zwischenhändler durchgeführt, teilweise regelmäßig pro Woche, über Kuriere. Eingesetzt werden mehrere Fahrzeuge, dazu begleitende Frauen zur Tarnung. Die Kuriere operieren mit Gegenobservationen und machen ein effektives Handeln der Beamten teilweise unmöglich. Als einer der Kuriere aus Angst aus dem Geschäft aussteigen will, wird er in einen Wald verschleppt. Verprügelt. Es soll eine Scheinhinrichtung gegeben haben. Dabei wird dem Opfer bis zum letzten Moment vor dem vermeintlichen Tod vorgespielt, dass es gleich sterben wird, um ihm maximale Angst einzujagen.

Mahmoud A. selbst soll sich bei laufenden Aktionen stets zurückgehalten haben. Es sei denn, eine Sache drohte in die Hose zu gehen: Dann soll er sich eingeschaltet haben, um den geregelten Ablauf des Transports zu gewährleisten. Habe telefoniert und Anweisungen gegeben. Das hört sich nach wenig Tatbeteiligung an, aber sein Wort sei das maßgebliche gewesen. So heißt es.

Wie in einem Fall, als ein Kurier bei einem Kokain-

Deal in Amsterdam »hingehalten« wurde. In der deutschen Hauptstadt warteten derweil die Abnehmer für die weiße Droge, der Kurier hatte sich aber mit dem »Stoff« zu einem Freund in die Niederlande abgesetzt. Nachdem klar war, wo der Verräter sich versteckt hielt – so erfuhren es die Beamten aus abgehörten Telefonaten –, machten sich mehrere Personen in zwei Fahrzeugen auf den Weg zu der Adresse. Das Ziel war offenbar die Tötung des Kuriers und das Sicherstellen des Kokains. Die Vermutung liegt nahe, dass ein solch brisanter Auftrag nur von oberster Führung eines Clans angeordnet worden sein konnte. Ob Mahmoud A. davon tatsächlich wusste, den Auftrag gar selbst gegeben hat, ist unklar. Dafür spricht einiges. Aber es wurde nie bewiesen, und somit gilt die Unschuldsvermutung.

Die Polizei in den Niederlanden war schneller, rettete den Kurier, beschlagnahmte die Drogen und wartete auf die Killer in spe. In der Folge des Ermittlungsverfahrens wegen des Drogendeals beauftragte der Sozialhilfeempfänger Mahmoud A. nicht die billigsten Anwälte der Stadt für sich.

Ein Prozess folgte, Mahmoud A. war angeklagt, zusammen mit zehn weiteren Personen. Dem Anführer gebührte der Löwenanteil an Vorwürfen: 58-facher Einfuhrschmuggel. Letztlich blieben drei Fälle übrig – wegen Beihilfe zum Einfuhrschmuggel und Handeltreibens mit Betäubungsmitteln. Der Kronzeuge hatte offenbar kalte Füße bekommen beim Namen desjenigen, gegen den er aussagen sollte. Die Verhandlung endete somit am ersten Tag, und Mahmoud A. verließ den Gerichtssaal als freier Mann und wurde von zahlreichen Landsleuten bejubelt, die teils aus dem Ausland angereist waren. Die Strafe wurde außer Vollzug gesetzt. Markus Henninger schreibt in seinem Aufsatz zu den Urteilen: »Die ausgesprochenen Freiheitsstrafen (zwischen zwei und acht Jahren) standen in keinem Verhältnis zu den bei derartigen Straftaten sonst üblichen Bestrafungen aller Kammern des Landgerichts Berlin.« Und damit hat er recht.

Etwas später befand sich Mahmoud A. erneut in einem Gerichtssaal. Diesmal allerdings als Zuschauer bei einem Prozess gegen einen Verwandten wegen gefährlicher Körperverletzung. In Gegenwart anwesender Polizisten im Raum drohte er einem Dolmetscher den Tod an oder bot alternativ die Zahlung von Geld, wenn der Dolmetscher sein Aussageverhalten ändere. Das war dann auch den Richtern zu viel – die Haftverschonung wurde aufgehoben, es gab zehn weitere Monate Freiheitsstrafe für die öffentliche Bedrohung.

Dieser Vorgang hatte bereits damals einen bösen Beigeschmack. Denn es wurde den kriminellen Strukturen suggeriert, dass sie trotz schwerster Straftaten nicht wie in anderen Ländern für viele Jahre hinter Gittern landen und ihre Geschäfte nachhaltig gestört werden, sondern dass man sich in Deutschland so ziemlich alles erlauben kann, ohne allzu ernste Konsequenzen fürchten zu müssen. Ausbaden müssen es die Polizisten auf den Straßen, die diese Arroganz der kriminellen Clan-Mitglieder in Form von Widerstand und Bedrohungen und Erniedrigungen ertragen müssen. Ebenso die Gerichtsdiener, die unbewaffnet sind, wenn eine Gruppe von Arabern in die Gerichtssäle kommt und ihre Komplizen oder Verwandten anfeuert. Lauthals. Respektlos.

Der Abschluss des Aufsatzes von Markus Henninger ist direkt und ehrlich, und er soll an dieser Stelle zitiert werden, weil er bereits im Jahr 2003 hätte aufrütteln müssen: »Mit unterschiedlichen regionalen Schwerpunkten und Gewichtungen bestehen in Deutschland erhebliche Kriminalitätsprobleme mit Tatverdächtigen, die bestimmten Ethnien zuzuordnen sind, welche im Rahmen von kriegerischen oder bürgerkriegsähnlichen Auseinandersetzungen ihren Zufluchtsort Deutschland genommen haben oder einen derartigen Fluchtgrund nur vorgeben.« Gemeint sind hierbei Tatverdächtige, die als Herkunftsregion zwar den Libanon angeben, deren Staatsangehörigkeit jedoch angeblich ungeklärt ist und die dadurch ihre Abschiebung verhindern. Dadurch entstehen erhebliche Kosten für die Sozialkassen – und für den Steuerzahler. Und es entsteht erheblicher Ermittlungsaufwand, um die wahren Identitäten zu klären und somit Handlungsspielraum zu schaffen, um letztlich die Rückführung krimineller Ausländer zu ermöglichen, »die ihre Integrationsunfähigkeit und Integrationsunwilligkeit im Gastland und zum Teil auch bereits im eigenen Kulturkreis unter Beweis gestellt haben«.

Die Ermittlungsgruppe »Ident« und das Problem der Staatenlosigkeit

Im Jahr 2000 wurde die Ermittlungsgruppe »Ident« beim Berliner Landeskriminalamt gegründet, unter der Führung von Markus Henninger. Die Beamten hatten nur einen Auftrag – die wahren Identitäten von Straf-

tätern zu ermitteln, die vorgaben, Bürgerkriegsflüchtlinge aus dem Libanon zu sein, und deren Staatsangehörigkeit ungeklärt war. Das Ziel der Behörden war
es, die Klarnamen und die wahren Herkunftsländer
zu ermitteln und in der Folge eine Abschiebung zu erwirken. In 42 Fällen gelang das. Die Gruppe »Ident«
machte Druck auf die Szene, was dazu führte, dass
45 Kriminelle aus eigenem Antrieb das Land verließen,
um sich einer Strafverfolgung zu entziehen. 18 weitere
Personen wurden im Zuge der Ermittlungen des Berliner Landeskriminalamts zu Haftstrafen verurteilt.

Im Jahr 2008 wurde die Gruppe aufgelöst beziehungsweise wurden die elf Ermittler auf andere Dienst-
stellen verteilt, um dort ihr Fachwissen einzusetzen.
Jedoch wurde ihr Auftrag auf breitere Füße gestellt: Es
ging jetzt generell um die Identifizierung ungeklärter
Identitäten und nicht mehr nur um das Problem der
vermeintlichen Bürgerkriegsflüchtlinge aus dem Libanon, die in Deutschland teils in die Organisierte Kriminalität abdrifteten. Ab sofort ging es auch um grenz-
überschreitende Kriminalität, wie etwa Schleusungen
und Menschenhandel. Die Beamten kümmerten sich
zwar auch weiterhin um die Klärung von Identitäten,
aber weniger konzentriert. Der damalige Polizeipräsident Dieter Glietsch begründete den Vorgang damit,
dass sich die Beamten letztlich nur noch mit Personen
befasst hätten, die in Berlin zwar unter falschem Namen lebten, aber nicht durch Kriminalität in Erschei-
nung getreten waren.

Dies hatte für großen Unmut an der Basis gesorgt.
Der damalige Vorsitzende des Bundes deutscher Kriminalbeamter Rolf Kaßauer sagte dazu öffentlich: »Es

scheint also nicht mehr von Interesse, welche Herkunft Straftäter tatsächlich haben.« Der Eindruck entstehe, dass die Vorschriften des Ausländerrechts und die Rechtmäßigkeit des Aufenthaltsstatus in Berlin keine Rolle mehr spielen, so Kaßauer im Jahr 2008 im *Tagesspiegel*.

Wie wichtig die Arbeit von Markus Henninger und der Gruppe »Ident« war, belegen Fallbeispiele, die er in seinem Aufsatz auflistet. Beispielsweise reiste Mehmet K. in den Achtzigerjahren mit seiner Ehefrau nach Deutschland ein. Gut zwanzig Jahre später hatte er zehn Kinder. Als die Gruppe »Ident« mit ihren Ermittlungen begann, war Mehmet K. in den Computern der Sicherheitsbehörden »mit ungeklärter Staatenlosigkeit« registriert. Als »staatenlos« war seine Frau eingetragen, fünf der Kinder hatten die deutsche Staatsbürgerschaft erlangt, die anderen galten zu der Zeit als »staatenlos« beziehungsweise »ungeklärt«.

Recherchen der Gruppe »Ident« ergaben, dass die Familie allein in der Zeit von 1993 bis zum Jahr 2001 Sozialleistungen in Höhe von 308.082 D-Mark erhalten hatte. Im ersten Jahr seiner Anwesenheit in Deutschland wurde gegen Mehmet K. wegen Straßenraubs ermittelt, ein Jahr später wurde er zu einer zehnjährigen Freiheitsstrafe verurteilt, weil er mit Heroin gehandelt hatte. Die Revisionskammer hielt die Aussage eines Mitangeklagten jedoch nicht für ausreichend und sprach Mehmet K. frei – das alles passierte bereits im Jahr 1984. Ihm wurde die Duldung zum Aufenthalt in Deutschland zuerkannt. Doch die Polizei muss sich immer wieder mit ihm beschäftigen: So wird wegen versuchten Totschlags gegen ihn ermittelt und auch wegen mehrfacher Körperverletzung zum Nachteil seiner Frau. Und immer wieder wegen Heroinhandels. 1991 klicken die Handschellen, ein Jahr später spricht ein Richter das Urteil: vier Jahre Haft.

Nachdem durch intensive Recherchen schließlich seine wahre türkische Identität festgestellt werden konnte, wird Mehmet K. am 26. September 2000 in die Türkei abgeschoben. Am 13. August 2001 wird Haftbefehl gegen seine Ehefrau erlassen, aber außer Vollzug gesetzt, sie muss sich um die in Deutschland befindlichen Kinder kümmern. Gleichwohl wird die deutsche Staatsangehörigkeit für vier Kinder des Paares zurückgenommen.

Über die Zeit hat die Gruppe »Ident« einige Erfolge vorzuweisen:

• Im Jahr 1986 kommt Cemal A. als »ungeklärter Staatsangehöriger« nach Deutschland. Sein wahres Herkunftsland Libanon wird ermittelt, der Mann wird abgeschoben. Bis dahin hat er für einige Einträge im Polizeicomputer gesorgt: Etwa achtzig Taten finden sich dort, darunter Erpressung, Betrug, Raub, Eigentums- und Körperverletzungsdelikte, Drogenhandel und versuchter Totschlag.

• Mehr als fünfzigmal gerät der ebenfalls »ungeklärte Staatsangehörige« Heissam M. in Berlin ins Visier der Polizei, zumeist wegen Raub, Körperverletzung und Eigentumsdelikten. Er verbüßt zwei Drittel einer Jugendstrafe von sechs Jahren und drei Monaten wegen schweren Raubes. Seine wahre Identität wird aufgeklärt, im Dezember 2001 wird der Mann in die Türkei abgeschoben.

• Ähnlich verhält sich der Fall des »ungeklärten Staatsangehörigen« Talat A. aus dem Libanon, der mit mehr als fünfzig Straftaten auffällt, darunter versuchter Totschlag, Bestechung, Raub, Eigentums- und Körperverletzungsdelikte und Drogenhandel, und schließlich für drei Jahre ins Gefängnis muss. Die Beamten der »Ident« identifizieren ihn schließlich, und die Behörden ordnen seine Abschiebung in sein Heimatland an.

- Der Türke Imadettin E. reist im Jahr 1985 unter dem gefälschten Namen Imad T. nach Deutschland ein. Sein Asylantrag wird abgelehnt, er versucht es unter einem anderen Namen erneut. Wegen verschiedener Vergehen wird er zu einer Gefängnisstrafe verurteilt. Seine angeordnete Abschiebung scheitert allerdings daran, dass er sich bemüht, bei der Botschaft seiner angeblichen Heimat Libanon einen Pass zu bekommen. Die Gruppe »Ident« klärt seine Identität, im Juni 2002 erfolgt schließlich die Abschiebung.

- Ziya E. stellt nach seiner Einreise nach Deutschland im Jahr 1987 in vier verschiedenen Städten mit jeweils unterschiedlichen Namen Asylanträge. Er hat ebenfalls den Status des »ungeklärten Staatsangehörigen«. Nach intensiven Ermittlungen wird er im Juni 2002 in die Türkei abgeschoben. In Berlin war er vorher wegen Kokainhandel, Vergewaltigung und räuberischen Diebstahls aufgefallen. Ein Richter hatte ihn zuletzt wegen gemeinschaftlichen Handels mit Betäubungsmitteln für dreieinhalb Jahre ins Gefängnis geschickt.

Im Zusammenhang mit dem jetzt erklärten harten Kampf gegen die Clans forderte die Berliner AfD die erneute Einsetzung der Ermittlungsgruppe »Ident«.

Eine Entscheidung wurde bislang nicht getroffen – ein Fehler. Denn nur, wenn die klaren Identitäten von Kriminellen bekannt sind, kann effektiv gegen sie ermittelt werden. Kann abgeschoben werden. Wissen ist Macht. Wer nichts weiß, ist handlungsunfähig.

Ehrlichkeit: Nachwuchs für die Clans

An welchem Punkt befindet sich die deutsche Gesellschaft zurzeit? Wichtige Probleme werden weggeredet oder finden nur dann Beachtung, wenn es gerade zur politischen Agenda passt. Oder wenn Wahlen anstehen. Oder wenn die Meinungsumfragen in den Keller rutschen und parteiintern beschlossen wird, dass man – zumindest oberflächlich, aber erkennbar – etwas unternehmen muss, weil der Wähler sonst mit der knallharten Abrechnung kommt.

Ehrlichkeit ist wichtig. Politiker müssen denen, die sie bezahlen – nämlich dem Bürger –, die Wahrheit sagen. Sie dürfen nichts beschönigen, sondern müssen die Fakten auf den Tisch legen, damit gesellschaftliche Probleme gemeinsam gelöst werden können, auch parteiübergreifend. So versteht sich Demokratie. Offensichtliche Probleme wie das der zunehmenden Jugendkriminalität dürfen nicht weggeredet werden, denn sie betreffen uns alle – die Erwachsenen wie deren Kinder in den Schulen. Es gibt ehrliche Menschen, die genau die Probleme zur Sprache bringen, mit denen viele aber nichts zu tun haben wollen – weil es unbequem ist. Carsten Stahl ist unbequem. Weil er eines der ganzen großen Probleme anspricht – öffentlich, in Talkshows, mit lauter Stimme und körperlicher Dominanz.

Denn wem glaubt man mehr als Kind? Einem Vater, der einen dazu mahnt, jeden Tag ordentlich die Schularbeiten zu machen. Nichts auszufressen. Weil der Vater ja selbst angeblich stets ein ordentlicher Schüler gewesen ist und sich nie etwas hat zuschulden kommen lassen? Oder einem Vater, der offen zugibt, selbst nicht gerade ein Paradeschüler gewesen zu sein, auch mal eine Fünf in Mathe vor den Eltern verschwiegen hat und durch die eigene Faulheit erfahren hat, wie man es besser machen kann?

Carsten Stahl ist einer dieser wohl ehrlichen Väter, um das Bild Familie nochmals aufzunehmen. Ein Mann wie ein Baum. Hochgewachsen, muskelbepackt. Sein Händedruck tut weh. Trotz geschlossener Kleidung erkennt man Tätowierungen am Hals, und auch an den Ärmelenden an den Handgelenken sind sie sichtbar. Ein Mann, der einem im ersten Moment Angst machen kann mit seinem harten Blick und seiner lauten Stimme, die noch lauter wird, wenn er über seine Mission redet. Er steht bundesweit auf gegen Mobbing unter Kindern, gegen Gewalt. Er geht an Schulen, nimmt sich Klassen vor. Er redet viel, mal sanft, mal laut, sowohl mit Opfern als auch mit Tätern. Warum ist dieser Mann wichtig für dieses Buch über Clan-Kriminalität? Weil er aus eigener Erfahrung und persönlichen Kontakten weiß und beeindruckend erklären kann, wie es dazu kommen kann, dass junge Menschen in die Kriminalität abrutschen oder sich aus den Klauen der eigenen Großfamilie nicht zu entwinden vermögen. Weil er Lösungen hat und diese transportiert.

Carsten Stahl ist auf den Straßen der Hauptstadt groß geworden. Genauer: im Stadtteil Neukölln, dem Brennpunkt. Da, wo viele Angehörige der Clans leben, von wo aus sie ihre Geschäfte betreiben und Angst und Schrecken verbreiten. Die Problematik der Clans müsse man nicht nur an der arabischen Herkunft festmachen. Letztlich seien auch die Clans nur eine geschlossene Gruppierung wie auch deutsche Verbrecherbanden. Die alle dadurch geprägt wurden, dass die Mitglieder ausgegrenzt wurden. Die sich deshalb zusammenschlossen, nur ihresgleichen akzeptierten und auf diese Weise einen Zusammenhalt erzeugten, den niemand von außen zerbrechen konnte. »Die schlimmen Fehler wurden vor zwanzig Jahren gemacht, und wir müssen es heute alle gemeinsam ausbaden«, so Stahl. »Wir haben diesen Menschen aus anderen Ländern damals überhaupt keine Chance gegeben. Also haben sie sich ihren eigenen Weg gesucht. Ja, mit Gewalt, das kenne ich selber leider nur allzu gut.«

Carsten Stahl weiß, wovon er redet. Aufgewachsen in Neukölln, mit drei Geschwistern. An Liebe und Zuneigung habe es nicht gemangelt, nur am Geld. Er kennt viele der heutigen Clan-Größen noch von früher, als sie kleine Jungs waren. Auch den Rapper Bushido, der allerdings im Stadtteil Marienfelde aufwuchs und mit seiner Mutter über einer Bäckerei lebte, bis er 18 Jahre alt war. »Der hat von der harten Straße doch gar nichts mitbekommen«, meint Stahl.

Vom Opfer zum Täter

Als Zehnjähriger wurde Carsten Stahl zum Opfer. »Ich wurde verprügelt, ich wurde zusammengetreten. Man hat meine Sachen kaputtgemacht.« Bis heute hat er nicht vergessen, wie ihn mehrere Jugendliche erst zusammenschlugen und anschließend in eine Grube warfen. »Die Gruppe der Schläger stand um diese Grube herum, sie haben alle auf mich gepinkelt. Ich hatte Todesangst.« So etwas kann eine kleine Seele brechen. Jeden Tag die Angst, dass es wieder passiert. Und die Drohungen: »Wenn du es irgendjemandem erzählst, dann tun wir deiner Mutter etwas an. Dann bringen wir sie um.« Carsten Stahl fügte sich, weil er Angst hatte vor der Übermacht. Und weil ein Kind eben noch an solche Drohungen glaubt. »Mobbing«, sagt er heute, »ist die erste Form von Gewalt. Es ist die ›Einstiegsdroge‹.«

Irgendwann reichte es ihm, und er schlug zurück, im wahrsten Sinne des Wortes. Und zum ersten Mal fühlte er so etwas wie Freiheit. Weil die Feinde, die Bösen, plötzlich so etwas wie Respekt vor ihm hatten. »Mobbing ist wie der Schwarze Peter, der weitergegeben wird. Man ist irgendwie auch froh, wenn der Kelch an einem vorübergeht. Wenn man selbst nicht mehr das Opfer ist, sondern wenn es einen anderen trifft und man selbst verschont wird.« Dazu müsse man gar nicht selbst zuschlagen oder mitmachen, allein das Wegsehen reiche aus, um sich sicherer zu fühlen. Man wurde eben nur nicht mehr ausgegrenzt und gehörte endlich irgendwie dazu.

Mit 14 Jahren, so berichtet er heute, war er zu dem geworden, was er einst gehasst hatte: ein Schläger. Und er fühlte sich stark. Er kann nicht billigen, was die Straßengangs und die Angehörigen der Clans heutzutage tun, aber er kann aus eigener Erfahrung nachvollziehen, wie es dazu kommen kann: »Du kommst erstmals mit der Polizei in Kontakt, weil du vielleicht mal ein Autoradio geklaut hast oder etwas Ähnliches. Und in diesem Moment wirst du wieder ausgegrenzt. Auch wenn es deine eigene Schuld ist. Aber als junger Mensch versteht man das eben nicht. Man wird wieder ins Abseits gestellt und ausgegrenzt.« Doch in diesem Moment habe man ja bereits Gleichgesinnte. Außenseiter verbrüdern sich. Und die arabischen Jugendlichen schlossen sich eben zu den stadtbekannten Clans zusammen. Die Folgen sehe man heute. Sein eigener Weg war vorherbestimmt, das weiß Carsten Stahl heute.

Er erzählt – und man nimmt es ihm einfach auch ab –, dass er auf der Straße lernen musste, schnell, hart und oft auch als Erster zuzuschlagen, egal ob da nun ein Araber vor ihm stand oder ein Albaner oder ein Deutscher. Eines Tages, er war schon ein Heranwachsender, geriet Stahl in Streit mit einer Personengruppe. Es war der Größte, der auf ihn zuging und ihn verprügeln wollte. Doch das Opfer von einst wollte nie wieder eines werden und schlug den Kontrahenten schnell und hart zu Boden. Plötzlich kamen die Feinde von allen Seiten, acht bis zehn mögen es vielleicht gewesen sein. Aber Stahl nahm die Fäuste hoch und stellte sich ihnen entgegen – wohl wissend, dass es übel werden würde und bei ihm gleich die Lichter ausgehen würden. Aber das war ihm egal.

Dann drang plötzlich eine laute Stimme aus einem Auto heraus. Auf einmal stand der Anführer einer kriminellen Bande vor ihm und fragte ihn beinahe schmunzelnd, ob er denn nicht wisse, was da gleich mit ihm passieren würde. Stahl war es egal, nie wieder Schwäche zeigen, nie wieder Opfer sein, nie wieder Erniedrigung und Demütigung. »Der Typ hat dafür gesorgt, dass es zu keiner weiteren Schlägerei mehr kam. Der Mann hatte mein Potenzial erkannt«, so Stahl.

Dass dieser Mann nicht edelmütig, sondern berechnend war, weiß er heute: »Er hat mich ausgenutzt. Gewusst, wie man mich ködern konnte. So wie die Clans heute die jungen Männer mit Respekt, Geld und Anerkennung für sich gewinnen. Auch die Flüchtlinge aus den Kriegsländern, die hier ausgegrenzt werden und eine Gemeinschaft suchen.« Ob er nicht etwas Geld verdienen wolle, 2.000 D-Mark bar auf die Hand, fragte ihn der Mann. Er müsse nur ein Paket von A nach B transportieren, bei einer bestimmten Adresse abgeben, nicht hineinschauen, keine Fragen stellen. Nur klingeln und abgeben und das Geld in Empfang nehmen. 2.000 D-Mark – scheinbar im Schlaf verdient. Stahl geriet auf die schiefe Bahn. Ja, er habe schlimme Dinge getan, auf die er nicht stolz sei.

Läuterung und neuer Lebenssinn

Seine Strafe dafür sollte so grausam sein, wie man es sich nicht vorstellen möchte. »In diesem Milieu gehen deine Feinde nicht an dich heran. Denn vor dir haben sie ja Angst. Nein, sie suchen deine Schwachstelle.« Und so kam, was kommen musste. Sie kamen zu dritt, als er nicht da war, um ihn dort zu treffen, wo er verwundbar war. Eigentlich wollten die Täter seiner Freundin nur Angst machen und sie einschüchtern. Doch die Lage eskalierte, wurde zu einem Exzess aus Gewalt, der sich nicht mehr stoppen ließ und in der Vergewaltigung der jungen Frau gipfelte. Sie trug damals das Kind von

Carsten Stahl unter ihrem Herzen. Der sexuelle Missbrauch und die körperliche Gewalt waren so extrem, dass das ungeborene Baby starb. Carsten Stahl hat es unter endlosen Tränen beerdigt.

Auf die Frage, was das Schlimmste sei, was er je getan habe, gibt er keine Antwort. Aber es scheint klar, dass die Täter nicht ungeschoren davongekommen sind. Carsten Stahl hat nie im Gefängnis gesessen. Obwohl er selbst von sich sagt, und das macht ihn so glaubwürdig, ein regelrechter Bandenchef gewesen zu sein. Gewalt und Tätowierungen und Kampfsport prägten seine nächsten Jahre. Er löste sich nach vielen Jahren durch die Geburt seines Sohnes aus dem Sumpf des unsichtbaren Horrors auf den Straßen, wurde Personenschützer, hatte als Privatdetektiv eine eigene Fernsehsendung bei einem privaten Sender und wurde immer bekannter.

Das Leben des heute 46-Jährigen sollte sich mit der Einschulung seines Sohnes vor über fünf Jahren ändern. Der lief an einem Sonnabend fröhlich mit der Schultüte in seinen ersten Klassenraum. Bereits am zweiten offiziellen Schultag, es war ein Dienstag, wurde der kleine Junge zusammengeschlagen und zusammengetreten. »Ich hatte meinen weinenden Sohn im Arm, der mich anflehte, niemals wieder in die Schule zu müssen. Und der mich immer wieder anschaute und beschwor, dass er nichts Falsches getan habe. Dass er nur auf dem Schulweg gewesen sei.« Stahl kannte das Gefühl. Das Gefühl, ein Opfer zu sein. Das Gefühl, ein Täter zu sein.

Er warf alles über Bord, beendete seine Fernsehkarriere und gründete einen Verein gegen Mobbing,

Gewalt und Vorurteile. Er fing mit 25 Schülern an, mittlerweile hat er fast 50.000 Schüler in Seminaren aufgeklärt – und an sechs Beerdigungen teilgenommen. »Jeden zweiten Tag bringt sich in Deutschland ein Kind um, weil es gemobbt wird«, berichtet er, und seine Stimme wird lauter und sein Blick wütend.

Authentischer Austausch mit Jugendlichen

Carsten Stahl wie auch Polizisten und Staatsanwälte fordern, an die Jugendlichen heranzugehen. »Wir müssen ihnen eine Alternative geben. Wir müssen auch den Jugendlichen, die mit den Nachnamen der berüchtigten Clans belastet sind, zeigen, dass sie da nicht mitmachen müssen. Jeder, auch die ganz Harten und Taffen aus den Clans, halten ihre Babys in den Armen und wünschen ihnen, dass aus ihnen gute Menschen werden, die ein besseres und sichereres Leben als sie selbst haben sollen.« Kein Kind komme als Verbrecher zur Welt, kein Kind komme als Opfer zur Welt. Die Eltern und die eigenen Erfahrungen im Leben seien prägend. »Und wenn es eben die Eltern nicht schaffen oder schaffen wollten, müssten es eben andere tun.«

Aber genau an diesem Punkt beißt sich die Katze in den Schwanz. »Wenn ich mit den Jugendlichen rede, nehmen sie mich ernst und respektieren mich. Denn ich bin authentisch und immer ehrlich zu ihnen. Ich erzähle jedem meine Geschichte. Mir hören sie zu.« Nur gibt es leider zu wenige seines Schlags.

Früher gab es noch ausreichend Jugendclubs und viele Schulprojekte am Nachmittag, heute fällt immer häufiger der Unterricht aus. »Wir haben nicht wie vor Jahren noch engagierte und taffe Streetworker, die sich in den Gegenden rumtreiben und mit den Jugendlichen sprechen, die auf der Schwelle zur Organisierten Kriminalität stehen und die man vielleicht noch vom letzten Schritt abhalten könnte.« Kenner der Szene, die um die einzelnen Vergangenheiten und Taten und persönlichen Umstände dieser Schwellentäter wissen. Dafür ist kein Geld mehr da. »Auch wenn das plakativ klingen mag – jeden Tag wird auf dieser peinlichen und beschämenden Baustelle des BER Geld aus dem Fenster geworfen und Millionen von Euros im Sumpf der Unfähigkeit versenkt. Für nichts. Und für die Jugendlichen und Kinder, die ja letztlich die Zukunft dieses Landes darstellen, werden die Ausgaben immer weiter zusammengestrichen. Und dann wundern sich unsere ›ehrenwerten und so fähigen‹ Politiker darüber, dass ihnen das ganze Problem mit den Clans und der zunehmenden Kriminalität und Gewalt auf die Füße fällt.«

Zudem sei gerade Mobbing – die ›Einstiegsdroge‹ in puncto Gewalt, Erniedrigung, Bedrohung und Kriminalität – immer noch eine Schmach und ein Tabuthema in Deutschland, das von zu vielen Schulen und deren Leitern nicht angesprochen werde. Dann müssten diese Damen und Herren der Schulleitungen ja zugeben, dass sie ein Problem mit mobbenden und teilweise auch gewaltbereiten Jugendlichen haben.

Bei seiner Arbeit kann Carsten Stahl hinter die Kulissen der Schulen schauen. Oftmals berichten ihm die Kinder und Jugendlichen, zu denen er durchdringen kann, dass sie sich mit den bekannten Problemen an das Lehrpersonal und auch die Schulleitung gewandt haben, aber oft kein Gehör finden. Weil man sich rechtfertigen müsste, Missstände zugeben müsste. Wer will das schon? Kaum jemand. »Oft ist leider der sogenannte gute Ruf der Schule oder die eigene Position der Verantwortlichen im Schulsystem wichtiger als die Unversehrtheit von Leib und Seele vieler Kinder und Jugendlicher«, kritisiert Stahl.

In puncto Clan-Kriminalität findet Stahl im Grunde dieselben Worte, die schon Staatsanwälte und Polizisten gefunden haben, um die Situation zu beschreiben: »Der Staat suggeriert den Tätern doch geradezu, dass sie hier tun und lassen können, was sie wollen.« Die Strafandrohung sei ein Witz, viele Verfahren würden oft gar nicht erst eingeleitet, weil die Staatsanwälte ob Personalmangels die erforderlichen Fristen nicht einhalten könnten oder Richter aus Angst Prozesse nicht zuließen. Der Münzraub im Bode-Museum, und dabei muss Carsten Stahl im Interview beinahe lachen, sei doch das Paradebeispiel dafür. Losgelöst von aller Moral hätten diese jungen, dreisten Burschen da einen filmreifen Millionencoup hingelegt, ohne Menschen zu verletzen. Ein Fall für die Versicherung, mehr nicht.

»Aber warum trauen die sich denn so etwas überhaupt in unserem Land? Weil sie wissen, dass sie nicht viel zu befürchten haben. Dass die Strafandrohung ein Witz im Vergleich zu anderen Ländern ist. Dass sie in den Welten der Clans aufsteigen und an Respekt und Anerkennung auf der Straße dadurch gewinnen. Weil sie leider auch oft die falschen Vorbilder haben oder den falschen Werten verfallen sind.« Und weil es leider auch irgendwie als »cool« gilt, wenn man im Gefängnis saß. Weil das ja aussagt, dass man gefährlich ist. Knast,

172

das erzählen mir auch viele Polizisten, ist in manchen Familien wie eine Auszeichnung. Knast macht Männer.

Stahl kennt einige arabische Jugendliche, die mit einem Clan-Namen behaftet sind und genau diesen harten Weg, wie damals auch er, mit Gewalt und Ausgrenzung in der Schule und auf der Straße durchlebt haben beziehungsweise immer noch durchleben. Entweder raus oder gar nicht erst Bestandteil der Strukturen werden – das ist der einzige Weg aus dem Teufelskreis der Gewalt und Kriminalität. Ebendiese jungen Menschen müsse man retten und sie dann als Multiplikatoren und Vorbilder gegen Gewalt und Kriminalität einsetzen. Stattdessen werden sie im Stich gelassen, und mehr und mehr sich selbst und den Strukturen der Clans überlassen. Sie dürfen eben nicht verblendet werden von Fernsehseserien, in denen das Clan-Leben verherrlicht wird.

Das beobachtet auch die Polizei mit Sorge. Wenn die TV-Serie *4 Blocks* zur Sprache kommt, werden die Kragen vieler Polizisten enger, weil in dieser Serie das »alltägliche« Leben solcher Clans aufgezeigt und gesellschaftsfähig wird. Und naive, junge und leicht manipulierbare Seelen davon beeindruckt sind und sich von dem protzigen Leben verführen lassen.

Gerade jemand wie der Gangster-Rapper Bushido, der aus seinen Kontakten zu den Clans nie einen Hehl machte und sich mit ihnen auch in der Öffentlichkeit zeigte, der das Leben in den Clans kennt, so sind sich viele Polizisten einig, könnte ungeheuer viel erreichen. Er müsste nicht einmal unbedingt seinen Habitus ändern. Aber wenn jemand wie dieser »Künstler«, als der er sich selbst bezeichnet, öffentlich gegen Gewalt und

Kriminalität aufrufen und eigene Fehler in der Vergangenheit zugeben würde, die er der jüngeren Generation nicht empfehlen würde, könnte der Mann viel bewegen. Aber bislang bleibt sein Konzept das gleiche. Nach dem Zerwürfnis mit Arafat Abou-Chaker zwar mit einem anderen Clan, aber das Konzept bleibt: Ein Gangster zu sein ist cool.

Und genau wie die Clans schmücken sich auch andere Personen gerne mit ihm. Schließlich bekam der Gangster-Rapper einst sogar die Möglichkeit, den Bundestag zu besuchen, natürlich in Begleitung eines Politikers und entsprechender medialer Entourage. Dass in vielen Polizeistuben die Hände über die Köpfe zusammengeschlagen wurden, muss an dieser Stelle wohl kaum erwähnt werden.

Mephisto – eine Abrechnung

Der größte Trick des Teufels war es, die Welt glauben zu machen, dass es ihn nicht gäbe. Doch es gab in der Vergangenheit und gibt auch in der Gegenwart Menschen, Kriminelle, berüchtigte Personen, die diesen Trick nicht anwandten, und das sogar ganz bewusst. Al Capone in Chicago beispielsweise ließ keine Gelegenheit aus, sich mit seiner geglaubten Überlegenheit dem Gesetz und der Polizei gegenüber in der Öffentlichkeit zu präsentieren. Die Reporter liebten ihn seinerzeit, denn er war für sie erreichbar. Er schickte kein Heer von Bodyguards los, um auf die Journalisten vor den Gerichtssälen loszugehen, sondern er sprach in die Mikrofone und in das Blitzlichtgewitter der Kameras. Er betonte – und das breit lächelnd und mit einer Zigarre zwischen den Zähnen –, dass ihm niemand etwas anhaben könne. Er sei unantastbar. Das schien glaubhaft, denn wer wollte sich mit diesem Mann anlegen, der über Auftragskiller verfügte, Zeugen kaufte oder aus dem Weg räumen ließ? Der Mann war berühmt, doch letztlich brachte ihn das verbissene Engagement des Bundesschatzamtes der Vereinigten Staaten von Amerika zu Fall, dessen fleißige Beamte ihn ins Gefängnis brachten. Nicht wegen Mordes oder Vergewaltigung oder des Verstoßes gegen die Prohibition, sondern ganz banal, ganz langweilig, wegen Steuerhinterziehung.

In den Jahren vor dem Ende der wohl bekanntesten Gangsterkarriere der Welt hatte Al Capone über Gebühr am öffentlichen Leben teilgenommen. Er genoss das Nachtleben, ließ sich gerne fotografieren. Die Mafia wurde gesellschaftsfähig in den Vereinigten Staaten. Und sie konnte sich auch sehen lassen, denn das Böse, das Kriminelle mit seinem Geld und seiner Macht hat etwas Anziehendes, etwas Faszinierendes. Champagner, Geld und schöne Frauen. Reichtum, Luxus, teure Uhren, teure Autos. Und so war es auch einer der bekanntesten Sänger der Welt, der sich von den Tentakeln der Mafia einfangen ließ, sich mit ihr zeigte und dazu beitrug, dass sie gesellschaftsfähig werden konnte. Frank Sinatra, ein Vorbild ganzer Generationen von Sängern, Lebemann, Frauentyp. Einer von ihnen? Auf jeden Fall jemand, der sich mit denen abgab, die die Polizei hinter Gittern sehen wollte.

Das lässt sich übertragen auf das moderne Berlin und die deutsche Musikwelt der vergangenen Jahre. Denn anders als beispielsweise die russischen Mafiastrukturen drängt es die arabischen Clans in die Öffentlichkeit. Sie wollen Aufmerksamkeit erregen. Sie wollen demonstrieren, dass sie nicht im Dunkeln agieren, weil sie niemanden zu fürchten haben. Weil ihnen niemand etwas kann. Nicht das Gesetz, nicht der Staat in Form von Polizei und Justiz. »Seht her, wir ziehen unsere Geschäfte durch. Wir sind berüchtigt. Ihr habt Angst vor uns – ihr Bullen, ihr Staatsanwälte, ihr Typen von den Ordnungsämtern. Und wir zeigen uns in der Öffentlichkeit und lachen euch aus«, scheinen sie damit auszudrücken.

Die Clans hatten auch ihren Frank Sinatra – und

was für einen. Sie haben ihn letztlich erschaffen, aufgebaut und ausgenutzt. Das weiß der Mann heute selbst und verarbeitet den Raub seiner Seele durch Mephisto in dem gleichnamigen Lied. Sein bürgerlicher Name – Anis Mohamed Youssef Ferchichi – ist weniger bekannt als sein Künstlername: Bushido. Die langjährige Nummer eins der deutschen Gangster-Rapper. Einer, dessen Songs von vielen Radiosendern nicht gespielt werden, weil sie eine Sprache sprechen, die Eltern aus bürgerlichen Häusern ihren Kindern verbieten. In denen es um Gewalt geht und Macht und Verachtung gegenüber Frauen und Schwulen. Einer, der die verlorenen Seelen von Kindern und Heranwachsenden und jungen Männern in den Häuserschluchten der sozial schwachen Trabantensiedlungen erreicht. Bei denen es eben dazugehört, mit mehreren einen Einzelnen zu verprügeln, zu erniedrigen, zu quälen. Sich zu produzieren, mit Fotos, auf denen sie mit Messern zu sehen sind, mit Gaspistolen und vielleicht sogar mit echten Waffen. Die in Videos damit prahlen, ein Opfer kaputtgemacht zu haben. Und die von einem Leben träumen, das einer wie Bushido führt, mit teuren Autos und Uhren und Luxusautos, umgeben von willigen Frauen, die nichts zu sagen haben und sexuell immer verfügbar sind.

Dieser junge Rapper kam einem Clan in Berlin genau recht. Denn er, der früher laut eigenen Angaben dealte, hatte und hat Potenzial. Er spricht die Sprache der Straße, er kann mit Worten um sich werfen, die ein Gentleman in Gegenwart einer Frau niemals in den Mund nehmen würde und für die Lehrer Klassenverweise schreiben würden. Der aber nicht nur gut aussieht, sondern auch blitzgescheit und redegewandt ist. Der in Diskussionen, auch vor laufenden Kameras in Talkshows, durch seine Intelligenz und seinen Sprachwitz zumeist als Sieger hervorgeht. Einer, der es sicher bis ganz nach oben bringen wird.

All das hatte der Clan der Familie Abou-Chaker schnell erkannt. Und es war so leicht, denn der aufstrebende Musiker hatte Probleme. Hatte er sich doch mit einer Firma eingelassen, mit deren Zusammenarbeit er irgendwann nicht mehr zufrieden war und aus dessen Vertrag er aussteigen wollte. Doch so einfach geht das in diesem Geschäft nicht – es sei denn, man hat die richtigen Leute hinter sich. Diese zu finden ist nicht schwer im Berliner Nachtleben. Die Namen von Leuten für solche Jobs sind bekannt und werden nicht nur hinter vorgehaltener Hand genannt.

Der vermeintliche Freund

Anis Mohamed Youssef Ferchichi ist Sohn einer Deutschen und eines tunesischen Vaters, der die Familie aber früh verließ. Während seiner Zeit als Kleinkrimineller bereits sieht der junge Mann seine Zukunft in der Musik. Er startet durch, obwohl seine Texte von harter Sprache sind. Einige landen deshalb auf dem Index. Die Bundesprüfstelle für jugendgefährdende Medien wird übrigens immer dann auf den Plan gerufen, wenn künstlerische Freiheit mit dem Jugendschutz zu kollidieren droht. Enthalten Songtexte beispielsweise verrohende, diskriminierende, volksverhetzende oder gewaltverherrlichende Inhalte, landet das Lied auf der

Liste der jugendgefährdenden Medien, dem sogenannten Index.

Im Jahr 2004 will Bushido einen Bruch mit seinem damaligen Vertragspartner. Er fragt in der Szene herum, und genannt wird ihm der Name seines späteren besten Freundes und noch später seines schlimmsten Feindes: Arafat Abou-Chaker. Dieser verkehrt wohl öfter in einem bestimmten Lokal im Berliner Stadtteil Neukölln. Dort lernt man sich kennen und wohl auch lieben auf eine gewisse Art und Weise.

Arafat Abou-Chaker, eine der wohl schillerndsten Führungspersönlichkeiten im Clan-Milieu, verspricht dem Rapper, die Angelegenheit zu regeln. Das tut er auch. Wie genau, ist nicht im Detail bekannt. Aber wohl auf seine Weise, auf die Weise der Straße. Die Mitglieder des ABC-Clans, das wissen Bekannte, Opfer und zahlreiche Polizisten, sind hart im Nehmen und im Geben. Und so wundert es niemanden, wenn es auf der Straße heißt, dass das Musiklabel seinen Goldjungen aus dem Vertrag ließ, nachdem acht Angehörige des Clans im Geschäftsbüro der Plattenfirma auftauchten.

Damit, so sagen szenekundige Beamte der Berliner Polizei unisono, war die Seele des Rappers verkauft. Damals habe er einen Weg eingeschlagen, der ihn zum Sklaven des Clans machen und ihn und seine Familie irgendwann in Lebensgefahr bringen würde.

Es sollten noch viele Jahre ins Land gehen, bis die Einsicht kam und Bushidos Video der Abrechnung – *Mephisto*, in dem er sich selbst als den »Jungen« bezeichnet. Ein Vers beschreibt seine späte Einsicht deutlich: »Der Junge hätte lieber seine Finger davon lassen sollen. Doch stattdessen machte er Mephistos Taschen voll. Er hat genug gezahlt, blieb keinem etwas schuldig. Egal, wie sehr es wehtat, der Junge blieb geduldig. Von jetzt an keine Kompromisse mehr. Dissen, ohne Namen zu nennen, glaub mir mal, sie wissen, wer diese Seele diesen Jungen genommen hat aus Gier. Er muss akzeptieren, niemals wieder wir.« Er richtet sich mit diesen Worten offenbar an Arafat Abou-Chaker, der nie ein wahrer Freund gewesen sei, sondern ein »rücksichtsloses Tier«.

Doch damals, nach der vom Clan besorgten Freiheit, schwärmte Bushido noch. Der Name Abou-Chaker sei in Berlin legendär. Das sei ähnlich wie im Chicago der Zwanzigerjahre. Damals habe auch jedes Kind den Namen Al Capone gekannt. Berlins Frank Sinatra hatte gesprochen.

Aufstieg und Fall

Der Aufstieg war sagenhaft. Heute gilt der Deutsch-Tunesier als absoluter Superstar der deutschen Rap-Szene. Geliebt und gehasst. Wie bei einem Verkehrsunfall, bei dem man nicht hinsehen möchte, aber es doch irgendwie muss. So bei seinen Texten: Hinhören wollte man nicht, aber man tat es doch. Weil er musikalisches Talent hat. Sich als Künstler bezeichnet und auch von vielen Musikerkollegen anderer Genres als solcher anerkannt wird. Manchmal denke ich mir: Wenn er doch nur seine Popularität für das Gute nutzen und gegen Gewalt und Drogenmissbrauch antreten würde. Um die verlorenen Seelen aus den Trabantenschluchten auf den rechten Weg zu bringen.

Seine Songs landeten in den Charts auf den obersten Plätzen. Er erhielt Echo-Auszeichnungen, ihm wurde der Bambi verliehen, sein Leben gar mit deutschen Filmgrößen wie Moritz Bleibtreu und Hannelore Elsner verfilmt, er wurde sogar in den Bundestag eingeladen. Bushido hatte es geschafft – und mit ihm der Clan aus Neukölln. Denn jetzt stand die Tür offen, nicht einen Spalt breit, sondern weit auf. Bei Bushidos öffentlichen Auftritten waren Arafat Abou-Chaker und seine Freunde nun dabei, landeten auf den Seiten von Hochglanzmagazinen. Laut, mit großem Anhang, bei den Aftershow-Partys. Sie waren nicht sonderlich gerne gesehen, denn sie gaben sich so wie bei einer Puffparty. Sie waren bedrohlich, machten sich über andere lustig. Über Sänger, die von der Schönheit einer Frau sangen und nicht darüber, dass sie Schlampen oder Fotzen seien. Wieder das altbekannte Prinzip: »Seht her, wir dringen überall ein. Auch in eure Gesellschaft. Und ihr könnt nichts dagegen tun.« Breit grinsend, den Mittelfinger in die Kamera reckend.

Rüpelhaftigkeit wurde gesellschaftsfähig. Deutschlands Sinatra hatte seinen Job gemacht. Die wenigsten wussten damals, dass ihn das teuer zu stehen kam, denn Arafat Abou-Chaker verdiente kräftig mit: beim Verkauf jeder Platte in Form von Bargeld, bei jedem Auftritt in Form von Aufmerksamkeit. Der Clan wurde gesellschaftsfähig.

Freunde und Feinde

Der Vater dieser Familie benannte seine Söhne nach den Feinden der Juden. So heißt einer Rommel, wie der deutsche General im Zweiten Weltkrieg. Und eben der so bekannte Clan-Chef von Berlin: Arafat, wie der palästinensische Präsident. Er und Bushido werden Freunde. Werden zusammen gesehen. Sie handeln mit Immobilien. Sie gründen Firmen. Sie lösen sie wieder auf. In Brandenburg sollen sie Mietkomplexe mit Dutzenden Wohnungen besitzen. Wohnungen mit Mängeln. Aber kaum einer traut sich, etwas dazu zu sagen. Weil dann Ärger drohen könnte. Allein das Vorfahren dunkler und getunter Luxusfahrzeuge, in denen düstere Gestalten sitzen, reicht aus, damit Beschwerden ausbleiben. In einer Fernsehdokumentation wurde dieses Problem dann doch einmal zur Sprache gebracht.

Die beiden Männer, der mutmaßliche Gangster und sein Sinatra, werden immer dicker miteinander. Von Lichterfelde zieht es den Musiker schließlich ins brandenburgische Kleinmachnow, einen der angesagten Vororte Berlins, unweit des guten Berliner Bezirks Zehlendorf. Wo die Bäume hoch und alt sind, die Villen aber edel und neu. Wo teure Autos vor den Türen stehen und die guten Schulen begehrt sind bei Eltern, die sich eine gute Ausbildung für ihre Kinder wünschen. Und eine gute Umgebung. Hier kaufen sich die beiden Freunde, die Brüder der Ehre halber, ein Anwesen. Genau genommen mehrere. Jeder hat eine Villa für sich; es gibt ein Gästehaus und einen hohen Zaun. Man will seine Ruhe haben. Eingezogen ist Bushido allerdings offenbar nie.

Wann es losging mit dem Lösungsprozess des Rappers, ist unklar. Aber hinter diesen Mauern bereits muss es zum Streit gekommen sein. Vielleicht erst unterschwellig, aber er schwelte.

In den Medien, zuerst im Nachrichtenmagazin *Stern*, wurde bekannt, dass Bushido seinem Freund eine Generalvollmacht über sein gesamtes Vermögen gegeben hatte. Ein finanzieller Kniefall. Offiziell hat es eine solche Abmachung in beide Richtungen gegeben, falls einer mal im Urlaub sei und der andere im Namen beider Geschäftsabschlüsse machen müsse. Doch Kenner der Szene glaubten diese Version nicht. Vielmehr sei jetzt nur bekannt geworden, dass Bushido die »Nutte« des Clans geworden sei. Denn mit einem erfolgreichen Musiker mache man eben mehr Geld als mit krummen Geschäften.

Ein anderer Rapper, der ebenfalls in die Fänge von Arafat Abou-Chaker geraten war, sein bester Freund wurde und nun aussteigen wollte, ging an die Öffentlichkeit. Er setzte sich im Oktober 2013 gar bei *Stern TV* zum Interview auf einen Sessel und packte aus: über die Machenschaften, über Geld, den Clan, Bushido. Er gab danach weitere Interviews. Darüber, dass Arafat den Chef spielt. Dass es Gebrüll gab und dass auch Bushido davor nicht sicher gewesen sei, sich aber untergeordnet und seine Rolle akzeptiert habe. Dieser Rapper heißt Kay One. Er suchte ganz bewusst die Nähe zu Arafat Abou-Chaker, denn vor dem hatten alle Respekt – oder Angst. An dessen Freunde traute sich niemand heran. Ein solcher Freund ist Gold wert, wenn es um das eigene Leben geht. Doch selbst Bruderschaft endet, wenn Geld und Verträge auf dem

Spiel stehen. So kam, was kommen musste – es kam zum Bruch: Kay One wurde gewissermaßen zum öffentlichen Ankläger und begab sich damit in Gefahr. Nicht ohne Grund stand er unter Polizeischutz.

Bushidos Musikvideo zu »Leben und Tod des Kenneth Glöckler« – so heißt Kay One mit bürgerlichem Namen – ist die Beschreibung dessen, was nach einem Verrat als Strafe vorgesehen ist: Ein Schauspieler, der dem »Feind« mehr als ähnlich sieht, wird betäubt, entführt und auf einen Stuhl gesetzt. Als er das Bewusstsein zurückerlangt, sitzt ihm Bushido in Armeejacke und Palästinenser-Tuch gegenüber und rechnet mit ihm ab. Ein professionell gedrehtes Video, ein perfekt auf die Situation gedichteter Text mit Beschimpfungen. Es wird angekündigt, dass man ihn mal holen könne. In dem Video finden sich echte Sequenzen aus den gemeinsamen Zeiten, echte Aufnahmen mit Arafat Abou-Chaker. Am Ende wird eine Kalaschnikow durchgeladen, und es fällt ein Schuss. Morddrohung oder künstlerische Freiheit der Kunst? Die Justiz nimmt sich des Falls an.

Endlich ein harter Cut

Bushidos *Mephisto*-Video kommt mit ganz anderen Tönen daher. Der Rapper, der sich gerne damit rühmte, Hunderte Frauen in seinem Leben gehabt zu haben, findet anscheinend die Richtige: die Schwester des deutschen Superstars Sarah Connor. Seine Worte sprechen eine deutliche Sprache, sie beschreiben den Verfall einer Freundschaft, die offenbar keine wirkliche gewesen ist. In der nur die eine Seite mit der anderen Geld verdienen wollte.

Bushido beschreibt in dem Song die Erkrankung seiner Mutter. Dass seine Preise nicht mehr wichtig für ihn waren. Dass er keine Freude mehr empfand, sondern nur noch Angst. Und er kreidet an, dass genau diese Not und Schwäche ausgenutzt wurden. Dass sein vermeintlicher Freund ihm gesagt habe, dass er wie ein Sohn vom Vater geliebt werde. Dass sie zusammen jetzt Abermillionen verdienen würden.

Das, so kann man es interpretieren, räumte seine Zweifel aus dem Weg. »Der Junge«, mit dem Bushido in dem Song sich selbst meint, habe fast alles für das schnelle Leben geopfert – bis Mephisto sich veränderte: »Verlockend war das Rampenlicht und langsam wurd'er schizo. Er wollte eine Bühne, seine Fratze auf der Leinwand. Riss die Zügel an sich, akzeptierte keinen Einwand. Ein Teufel und Diktator, nach außen immer höflich. Seine Tausenden Gesichter zu durchschauen war nicht möglich.« Von Intrigen ist die Rede und von Lug und Trug. Doch viele Jahre ging alles gut. Bis »der Junge« das richtige Mädchen traf. Das Mädchen, das vieles ändern sollte. Bushido beschreibt in dem Musikstück, wie der »Junge« endlich etwas Wahres gefunden habe. Er wurde Vater, und dann sei nichts mehr geblieben, wie es einst gewesen war. Mephisto habe Zwietracht gesät und alle Register gezogen. Sei auf einmal Anwalt, Kläger sowie Richter gewesen. Als seine Mutter starb, ging Bushidos Leben vor die Hunde. Das Mädchen, das er getroffen hatte, brach unter der ganzen Last zusammen. Sie sagte Bushido klipp und klar, wer an der ganzen Situation schuld sei. Doch das wollte der Rapper damals nicht hören, nicht wahrhaben, erst später kam die Erkenntnis: »Ein Engel ohne Flügel sang klare Gebete. Mephisto, der Teufel, ein Lügner ohnegleichen. Für die Seele dieses Jungen ging er wieder über Leichen. Die Ehe lag im Sterben, er hatte, was er wollte. Und ließ ihn nicht mehr los wie ein Wolf seine Beute.«

Arafat Abou-Chaker soll erheblichen Einfluss auf das alltägliche Leben von Bushido und seiner Familie genommen haben. Das soll sogar so weit gegangen sein, dass er dessen Frau vorgeschrieben haben soll, welche Kleidung sie zu tragen habe. Wenn man all den Gerüchten um den Streit zwischen den beiden Familien glauben will, soll es Bushidos Ehefrau gewesen sein, die den Rapper letztlich zur Vernunft brachte und für den finalen Cut sorgte. Das war im März 2018.

Es war ein Cut mit schweren Folgen. Denn man kehrt einem Clan nicht den Rücken. Das ist Verrat. Das verletzt die Ehre. So etwas hat Folgen. Doch die Berliner Sicherheitsbehörden waren auf dem Plan, ein Richter erließ einen Durchsuchungsbeschluss für das Anwesen von Arafat Abou-Chaker in Kleinmachnow mit der Begründung: »Verdacht des Verstoßes gegen das Waffengesetz sowie die mutmaßliche Verabredung einer Straftat«. Die Ermittler hatten Hinweise darauf, dass der Clan geplant habe, der Frau und den Kindern des Musikers etwas anzutun.

Das Leben von Bushido hat sich seither verändert. Er steht unter Personenschutz, »Kollegen« aus der Rapper-Szene verachten ihn und werfen ihm Kooperation mit der Polizei vor – ein No-Go in der Szene der Gangster-Rapper. Inzwischen gibt es Prozesse um Geld aus gemeinsamen Geschäften.

Ein Sensationsfund

Die Staatsmacht schlug zu, und sie zeigte sich von ihrer stärksten Seite. Am 28. November 2018 um 10.10 Uhr stürmten schwer bewaffnete Elitepolizisten des Spezialeinsatzkommandos das Anwesen des Clan-Chefs Arafat Abou-Chaker in Kleinmachnow. Bereitschaftspolizisten einer Hundertschaft sicherten die Umgebung. Diesmal zeigte der Staat: »Seht her, wir wissen, was ihr tut. Wir kommen auch am helllichten Tag.« Eine Botschaft an die Szene. Am selben Tag gab es einen weiteren Zugriff in Berlin, wo ein Bruder von Arafat lebt. Er und ein Familienmitglied kamen zunächst in Untersuchungshaft, mittlerweile befindet sich Arafat wieder auf freiem Fuß.

Vielleicht müssen noch ganz andere zittern in der Berliner Unterwelt. Denn bei der Razzia in Kleinmachnow wurde das Mobiltelefon von Arafat Abou-Chaker sichergestellt. Eigentlich haben Profis keine belastenden Details auf solchen Geräten, doch bei der Auswertung stießen die Ermittler offenbar auf Dutzende heimlich mitgeschnittene Telefonate: mit Geschäftspartnern, Anwälten, anderen Clan-Größen. Damit hat sich der Mann strafbar gemacht, weil solche Mitschnitte im Vorfeld angekündigt und genehmigt werden müssen. Das Landeskriminalamt sieht zudem Ermittlungsansätze gegen die Gesprächspartner.

Die Sicherstellung des Mobiltelefons gilt in Polizeikreisen als Sensationsfund. Auch Gespräche mit Bushido sollen darunter sein, der jetzt ohne seinen Gönner klarkommen muss und angeblich zwischenzeitlich Schutz bei einer anderen Familie gesucht haben soll, die als noch mächtiger gilt als der Clan von Arafat und seinen Brüdern. Der Familie, aus deren Reihen die Diebe der Goldmünze aus dem Bode-Museum stammen: die Remmos. Behördlich gesichert sind diese Erkenntnisse allerdings nicht.

Der ABC-Clan hat seinen Sinatra verloren. Doch es gibt genügend Nachwuchs, der diesem schillernden und faszinierendem Milieu verfällt. Mitte April 2019 erschienen Beamte des Bundeskriminalamts bei dem ehemaligen Hertha-Profi Änis Ben-Hatira, weil ihm Kontakte zu Salafisten vorgeworfen werden. Die Vorwürfe werden seinerseits bestritten. Dass er aber seit Langem mit der Rapper-Szene verkehrt, ist für die Ermittler kein Geheimnis. Das ist natürlich nicht verboten. Aber es ist ein Beleg dafür, dass auch an dieser Front versucht wird, das Gangster-Rapper-Dasein und damit auch die Clans gesellschaftsfähig zu machen.

Inzwischen soll sich der bekannte Rapper von seinen neuen Freunden – der Familie Remmo – abgewandt haben. Es gab offenbar Unstimmigkeiten mit dem Berliner Landeskriminalamt, das seit dem eskalierten Streit zwischen dem Musiker und seinem ehemals besten Freund Arafat Abou-Chaker den Personenschutz für Bushido und seine Familie gewährleistet. Ein Kenner der Szene berichtet, dass die Polizei es nicht hinnehmen wollte, Dienststunden für ihn aufzubringen, um ihn vor einem Clan zu beschützen, während er dann Freundschaften bei einer noch mächtigeren kriminellen Familie suchte.

Die neue Konkurrenz der Clans

Es gibt immer einen Besseren – das müssen selbst die Größten früher oder später lernen. Wladimir Klitschko wurde k. o. geschlagen, auch der vermeintlich unbesiegbare Mike Tyson wurde auf die Bretter geschickt. Niemand hätte gedacht, dass Michael Schumacher mal irgendwann überholt würde. Und der Slogan »Made in Germany« hat unter dem Pannen-Flughafen BER und den Rückrufaktionen großer deutscher Autohersteller ebenfalls arg gelitten. Dinge ändern sich.

Auch in der Organisierten Kriminalität gibt es Konkurrenzkämpfe, eine Art Hackordnung. Die arabischen Clans stehen zurzeit ganz oben auf der Pyramide der Organisierten Kriminalität. Das haben sie sich durch ihre Brutalität und Skrupellosigkeit über Jahre und Jahrzehnte erarbeitet. Ihre Taten sind mittlerweile fester Bestandteil der deutschen Medienwelt. Alle berichten darüber. Die Politik beschäftigt sich mit ihnen. Es gibt Ausschüsse, die Innenminister der Länder äußern sich zu dem Problem und bieten Lösungsvorschläge – oder versuchen es zumindest. Sogar Innenminister Horst Seehofer hat sich die Bekämpfung der Clans auf die Fahne geschrieben, das Bundeskriminalamt ist in diesen Kampf mit eingebunden. Die Polizeibehörden kommen endlich in den Gremien und Ausschüssen zu Wort und werden mit ihren Bedenken zumindest ernster genommen als bisher. Es gibt

Fernsehserien wie *4 Blocks*, die das alltägliche Leben der Clans beschreiben und sich einer großen Fangemeinde erfreuen – auch wenn die dunkle Seite dieses Lebens beschrieben wird und die von den Clans ausgehende Gefahr. Doch wahrgenommene Gefahr bedeutet Macht.

Die Organisierte Kriminalität hat sich immer wieder neu erfunden. Anfang bis Mitte der Neunzigerjahre hatte Berlin mit Gruppierungen aus dem asiatischen Raum zu kämpfen. An vielen Ecken der Stadt standen illegale Zigarettenhändler aus Vietnam, die sich untereinander bekriegten und in den Plattenbauten der Hochhaussiedlungen im Ostteil der Stadt illegale Bordelle betrieben. Es gab konkurrierende Banden, die sich gegenseitig mit Messern und Baseballschlägern attackierten und umbrachten. Dann etablierten sich die arabischen Clans.

Eine Zeit lang wurde die Rotlichtszene von Bordellen mit Prostituierten thailändischer Herkunft dominiert – heutzutage findet man sie dort kaum noch. Jetzt sind es zumeist osteuropäische Frauen, die zahlungswilligen Freiern ihre Dienste anbieten.

Die kriminelle Parallelgesellschaft kann sich jederzeit in eine andere Richtung entwickeln. Nur dass sich die arabischen Clans bereits fest in das Berliner Leben gefressen haben. Weil diese sich eben nicht auf den Straßen herumgetrieben, sondern schlau investiert haben und im ganzen Stadtgebiet verteilt sind. Das schafft Neid – und stadtweite Revierkämpfe, mit denen in den nächsten Jahren zu rechnen ist.

Von den »alteingesessenen« mächtigen kriminellen Vereinigungen geht für die arabischen Clans nach Meinung von Experten keine unmittelbare Gefahr aus. Der russische Pate einer Stadt weiß um seine Machtstellung; er muss sie nicht andauernd zur Schau stellen. Würden die russische oder italienische Mafia wirklich Streit mit den Arabern suchen, wäre es – da sind sich viele Polizisten einig – mit deren Vormachtstellung bald wieder vorbei, weil diese Organisationen letztlich doch länger bestehen und effizienter wären als die Araber in ihrer Selbstverliebtheit. Dazu kommt es aber nicht – wegen der Cleverness der anderen organisierten Kriminellen. Sie wollen lieber in Ruhe ihren Geschäften nachgehen.

Die Konkurrenz kommt von anderer Seite: aus Tschetschenien und auch aus Nigeria. Zwar hat es bislang noch keine großen Konflikte zwischen den Clans und diesen neuen Spielern gegeben, doch werden diese nicht lange auf sich warten lassen. Denn im Bereich der Organisierten Kriminalität gibt es eben nur bestimmte Betätigungsfelder. Es ist wie ein Kuchen, der bislang auf dem Tisch der Clans stand und von dem andere jetzt ebenfalls ein großes Stück abhaben wollen.

Tschetschenische Banden

Arabische Großfamilien konnten und können demnach ihre Vormachtstellung weiterhin manifestieren. Doch das könnte sich in nicht allzu ferner Zukunft ändern, was so manchem Polizisten im Berliner Landeskriminalamt Sorgenfalten auf die Stirn treibt. Es gibt unverkennbare Anzeichen dafür, dass sich eine Konkurrenz für die arabischen Clans anbahnt. In der jüngsten Vergangenheit gab es bereits erste Zwischenfälle, und in den

Dienststuben der Polizei ist das Thema präsent: »Die Tschetschenen kommen.« Gemeint sind tschetschenische Clans, die sich langsam, aber sicher ihren Weg in die kriminelle Unterwelt Deutschlands bahnen.

Vor einigen Jahren wurden tschetschenische Kriminelle aus dem damaligen Kriegsgebiet gerne engagiert, wenn es beispielsweise darum ging, dass eine kriminelle Vereinigung einen Feind in Berlin töten, dessen Frau vergewaltigen oder dessen kleinem Sohn einen Arm brechen lassen wollte. Dann wurden diese tschetschenischen Söldner in die Hauptstadt gebracht, sie erledigten diese üblen Jobs – und waren schon längst wieder auf dem Weg in ihre Heimat, als die herbeigerufenen Polizisten hinter den frisch aufgehängten Flatterbändern gerade einmal den Tatort besichtigten und erste Ermittlungen aufnahmen. Sie tauchten auf und waren kurz darauf wie von Geisterhand verschwunden. Niemand konnte ihre Spur aufnehmen. Kein Wunder, zumal zum damaligen Zeitpunkt noch nicht bekannt war, dass solche Jobs von tschetschenischen Kriminellen erledigt wurden.

Ein Polizist berichtet, dass vor etwa zehn Jahren im Milieu noch die Drohung ausreichte, man würde »ein paar Tschetschenen« schicken, um einem Kontrahenten solche Angst zu machen, dass dieser in der Folge einknickte und den Forderungen nachkam, beispielsweise brav seine Schulden zahlte.

Doch dieses Phänomen – glaubt man szenekundigen Polizisten – scheint sich jetzt selbstständig zu machen. Jetzt wird es mehr und mehr erkennbar. Nach Beobachtungen von Ermittlern des Landeskriminalamts haben tschetschenische Kriminelle offenbar mittlerweile begriffen, dass Berlin und andere deutsche Großstädte ein lukratives Pflaster sind, wo eine Menge Geld zu machen ist. Und das nicht nur als »stumpfer« Söldner für brutale Aufträge. Sie beginnen mehr und mehr, die Zügel selbst in die Hand nehmen und sich zu organisieren. Schließlich haben sie ihren Ruf schon weg – nämlich extrem brutal und furchtlos zu sein. Warum das nicht ausnutzen? Warum in Grosny leben, wenn es einem in Berlin viel besser geht?

Neue Strukturen

Ein Ermittler berichtet mir im persönlichen Gespräch: Es gebe schon seit Jahren Hinweise darauf, dass sich tschetschenische Strukturen im Bereich der Organisierten Kriminalität in der Landeshauptstadt bilden. Leise habe es angefangen: Schulden eintreiben, Druck ausüben. Aber warum nur Geld für den Auftraggeber eintreiben, warum nicht für eine eigene Organisation? Und so fingen die tschetschenischen Kriminellen an, sich ihre Betätigungsfelder zu erarbeiten.

Vor einigen Jahren trieben sie sich im Berliner Bezirk Mitte herum, mittlerweile sollen sie laut Einschätzungen von Kriminalbeamten bereits ernstzunehmende Strukturen im Speckmantel aufgebaut haben und von dort aus operieren. Und sie werden im kriminellen Milieu respektiert. Nicht wegen des gleichen Glaubens, sondern weil viele von ihnen kriegserfahren sind. Weil sie gelernt haben, gegen andere zu kämpfen – gegen eine Übermacht, gegen die Russen. Weil ihre Väter sie hart erzogen haben, sie Kampfsport lehrten und wie man mit einem Messer umgeht. Und weil sie keinen

Hehl daraus machen, dass sie vor den arabischen Clans keine Angst haben. Bei denen soll die mögliche Konkurrenz hinter vorgehaltener Hand bereits ein Thema sein.

Ermittler wissen zu berichten, dass die tschetschenischen Kriminellen wie auch die arabischen Clans mit Drogen und Waffen handeln. Und ebenso steigen sie mehr und mehr in das Geschäft der Schutzgelderpressung ein. »Die Araber sind schon skrupellos«, so erzählt mir ein Polizist in der Kneipe beim Bier. Diese Herrschaften seien aber noch einen »Zacken« schärfer. »Das würde Berlin vor ein weiteres neues Problem stellen. Denn wenn sich diese Typen mit den Arabern anlegen, die aus Ehrgefühl nicht aus ihrer Haut können, sind blutige Auseinandersetzungen vorprogrammiert«, sorgt sich ein Polizist. Soll heißen: Das Thema muss auf die Tagesordnung – und zwar schnell!

Die tschetschenischen Kriminellen stehen Insider-Berichten zufolge regelrecht darauf, sich mit anderen zu messen. Bei normalen Schlägereien, aber auch mit Hieb- oder Stichwaffen. Ganz egal. Sie verstehen sich eben als Krieger und sind stolz darauf. Als Beispiel dafür berichtet ein Polizist davon, dass es im März 2017 im Berliner Problemkiez Marzahn eine Massenschlägerei zwischen Deutschen und Tschetschenen gegeben habe, bei der Letztere gewonnen hätten – was auch an der Kampfausbildung der Tschetschenen gelegen habe. Die genauen Hintergründe des Zwischenfalls sind nicht bekannt.

Schlachtfeld Berlin

Dass sich die tschetschenischen Kriminellen als neue Konkurrenz im Feld der Organisierten Kriminalität entwickeln könnten, zeigt ein Zwischenfall vom August 2018.

Am späten Abend alarmieren Zeugen im Märkischen Viertel von Berlin die Polizei, weil sie Schüsse unweit eines tschetschenischen Kulturvereins am Eichhorster Weg gehört haben. Mehrere Einsatzwagen rasen dorthin, auch ein Spezialeinsatzkommando wird angefordert. Auf dem Gehweg werden Blutspuren entdeckt, dazu Einschusslöcher in den Fensterscheiben eines tschetschenischen Kulturvereins. Ein 21-jähriger Mann kommt auf die Einsatzkräfte zugelaufen, bricht schwerverletzt vor den Beamten zusammen. Wie sich später herausstellt, hat sich zudem ein 31-Jähriger bereits selbst in ein nahegelegenes Krankenhaus begeben, um Verletzungen behandeln zu lassen, die er bei der Auseinandersetzung davongetragen hatte.

Zwei Tatverdächtige werden wenig später in der Umgebung festgenommen, sie hielten sich auf einem Parkplatz hinter Autos versteckt. Die Mordkommission übernimmt den Fall, die beiden mutmaßlichen Schützen müssen aber wieder auf freien Fuß gesetzt werden, die Hintergründe der Tat werden nicht bekannt. Aus Ermittlerkreisen heißt es, dass die Motive eher nicht im tschetschenisch-russischen Konflikt liegen, sondern dass es um Streitigkeiten im kriminellen Milieu ging.

Schon zwei Jahre zuvor hatte es einen spektakulären Zwischenfall in Berlin gegeben, der viele Unbeteiligte das Leben hätte kosten können.

Am Morgen des 15. März 2016, mitten im Berufsverkehr kurz vor 8 Uhr, explodiert eine Autobombe an der Bismarckstraße unweit der Deutschen Oper in der Berliner Innenstadt. Das Ziel: der Wagen eines stadtbekannten Drogenhändlers bulgarischer Herkunft. Das Fahrzeug wird zerstört, das Opfer erliegt noch am Ort des Geschehens seinen schweren Verletzungen.

Die folgenden Ermittlungen ergeben, dass der bulgarische Dealer zuvor einen Mordauftrag auf einen russischen Kampfsportler erteilt haben soll, dieser allerdings überlebte. Laut Berliner Landeskriminalamt verdichteten sich Anhaltspunkte darauf, dass der brutale Anschlag auf das Konto tschetschenischer Täter geht. Der Hintergrund sei ein geplatzter Drogendeal über mehrere Kilogramm Kokain gewesen.

Auch dieser Fall konnte bislang nicht abschließend rekonstruiert werden. Sollten tatsächlich, wie von der Polizei vermutet, kriminelle Tschetschenen hinter der Tat stecken, so zeigt das, dass sie sich auf Berliner Terrain bereits sicher und selbstbewusst fühlen, dass sie öffentlichkeitswirksame Taten verüben und dabei auch den Tod Unbeteiligter in Kauf nehmen. Zwar war die Bombe laut Ermittlungsbehörden perfekt konstruiert und traf den bulgarischen Drogenhändler punktiert – doch angesichts der Örtlichkeit und des Verkehrsaufkommens an jenem Morgen hätten durch die Detonation leicht Passanten verletzt oder gar getötet werden können. Den Drahtziehern war dies offenbar egal. Für Insider ein klares Signal an die Szene.

Für die arabischen Clans, die ebenfalls professionell ins Drogengeschäft verwickelt sind, eine ernstzunehmende Konkurrenz – und auch eine, die Konflikte nicht scheut. So hat die Berliner Polizei kürzlich Hinweise darauf erhalten, dass es eine handfeste Auseinandersetzung zwischen arabischen Kriminellen und Tschetschenen gegeben haben soll. Offizielle Ermittlungen dazu gab und gibt es nicht, weil der Vorgang erst im Nachhinein bekannt wurde. Einzelheiten, Hintergründe und die Örtlichkeit wurden nicht bekannt. Jedoch wird im Milieu davon gesprochen, dass es zu einer vereinbarten Schlägerei gekommen sei, bei der die Tschetschenen in Unterzahl erschienen, aber als Sieger aus der Auseinandersetzung herausgegangen seien. Das werten Polizisten als Zeichen des Aufbegehrens dieser neuen kriminellen Strukturen, die aus dem Speckmantel Berlins heraus agieren.

Kriegserfahrene Kämpfer

Was wieder einmal beweist: Die Länder müssten sich miteinander austauschen, um den bisherigen und künftigen Problemen mit tschetschenischen Banden frühzeitig Herr zu werden. Wenn kriminelle tschetschenische Banden in Brandenburg ansässig sind, aber in der Hauptstadt agieren, Geschäfte machen und Straftaten begehen, müssen diese beiden Bundesländer gemeinsam ermitteln. Sonst entwickeln sich Strukturen, die irgendwann ebenso aus den Fugen geraten wie bei den arabischen Clans.

Es ist ihre Brutalität, die den Berliner Beamten die meisten Sorgen bereitet. »Man unterstellt ihnen ja auch einen Hang zum fundamentalistischen Islamismus, denkt sie in die Ecke von Terroristen«, so erzählt mir ein Polizist. Sie liefern Waffen und verdienen daran.

Und viele von ihnen reisen auch regelmäßig ins Kriegsgebiet. Aber weniger aus religiöser Überzeugung, sondern schlicht aus dem Grund, sich mit anderen messen zu wollen. »Das ist ein gefährliches Gemisch, gerade für die kriminellen Stammhalter der arabischen Clans in Berlin. Diese neuen Gruppierungen riechen, dass in Berlin Geld zu machen ist. Sie scheuen keine Auseinandersetzung, sind kriegserfahren und soldatisch ausgebildet«, so der Mann weiter.

Wenn diesem neuen Phänomen nicht schnell und konsequent Einhalt geboten wird, könnte Berlin noch mehr zum Tummelplatz von extrem gefährlichen Straftätern werden, die ihre Revierkämpfe früher oder später ohne Rücksicht auf Verluste mitten unter der normalen Bevölkerung austragen.

Nigerianische Banden

Doch die tschetschenischen Banden sind nicht die einzigen »Newcomer« der Szene. Weitere Konkurrenz entwickelt sich für die arabischen Clans und andere Mitglieder der Organisierten Kriminalität. Diese verdient unter anderem mit Menschenhandel ihr Geld. Die Rede ist von nigerianischen Banden. Ihr Vorstoß ist bereits in einer der Hochburgen der Araber zu spüren: im Ruhrgebiet. Im 2019 fällte das Duisburger Landgericht mehrere Urteile wegen Menschenhandels und Zwangsprostitution gegen Verdächtige aus dem westafrikanischen Land.

Polizeieinheiten sowie die deutschen Geheimdienste befürchten, dass mit dem Zustrom von Flüchtlingen aus Nigeria auch die Organisierte Kriminalität nach Deutschland importiert wird, und zwar landesweit, und dass sich neue Banden bilden könnten, nicht minder entschlossen und brutal. Es könnte sich eine weitere kriegserfahrene kriminelle Struktur hierzulande etablieren, die nicht nur die Sicherheitsbehörden beschäftigen, sondern auch die Machenschaften der arabischen Clans und anderer Mitglieder krimineller Vereinigungen beeinträchtigen würde. Dass diese das einfach hinnehmen werden, ist unwahrscheinlich.

Also stehen die Zeichen auch hier auf Sturm. Es sei denn, die beiden Gruppierungen würden so etwas wie einen Nichtangriffspakt schließen und in einer Art Co-Existenz agieren.

Die Zahlen der Asylbewerber nigerianischer Herkunft steigen stetig. Belegten sie im Jahr 2016 auf der Liste der Herkunftsländer noch Platz neun, wanderten sie 2018 mit 11.073 Erstanträgen schon auf Platz fünf. Mittlerweile rangieren nigerianische Flüchtlinge sogar direkt hinter jenen aus Syrien, noch vor Asylsuchenden aus dem Irak und aus Afghanistan.

Mit den Flüchtlingsströmen gelangen auch kriminelle Strukturen bis nach Deutschland. Erkenntnisse der hiesigen Sicherheitsbehörden belegen, dass der Menschenhandel mit Frauen von nigerianischen Tätern dominiert wird. Sie haben sich nach der Ankunft in Europa zunächst in Italien etabliert, nun drängen sie mehr und mehr nach Deutschland.

Dass die nigerianischen Clans Problempotenzial haben, belegen die vom Bundeskriminalamt geführten Ermittlungsverfahren: 2017 standen 16 dieser Tätergruppierungen im Fadenkreuz der Behörde, im Jahr zuvor waren es gerade einmal halb so viele. Der deutsche Auslandsgeheimdienst BND warnte im *Spiegel* ebenfalls vor einem »Aufwuchs der äußerst brutal agierenden nigerianischen Strukturen der Organisierten Kriminalität«.

Nach der Ankunft in Italien hatten die Nigerianer – dort sind etwa 100.000 registriert – zunächst die Möglichkeit, ein Gefühl für Europa zu entwickeln. Die Kriminellen unter ihnen konnten ein Gespür dafür bekommen, womit – auch in Deutschland – Geld zu verdienen ist. Das Bundeskriminalamt hat aufgedeckt, dass diese Kriminellen bereits im Jahr 2017 in 4.888 Fällen mit gestohlenen Kreditkarten Online-Tickets der Deutschen Bahn gekauft haben. Der entstandene Schaden belief sich auf knapp eine Million Euro. Diese Tickets wurden dafür genutzt, um aus Italien nach Deutschland einzureisen.

Genau wie die arabischen Clans sind auch die kriminellen Nigerianer in den Menschenhandel verwickelt. Während die Araber die Hand aufhalten, wenn junge Frauen aus osteuropäischen Ländern wie Bulgarien und Rumänien mit falschen Versprechungen nach Deutschland gelockt werden, wenden die Westafrikaner das gleiche Prinzip bei jungen Frauen aus ihrem Kulturkreis an. Auch ihnen werden legale Jobs in Europa versprochen. Das Ziel ist dann letztlich aber, sie in die Zwangsprostitution zu verbringen.

Die jungen Frauen werden über den Landweg nach Nordafrika und dann per Boot nach Italien gebracht. Von dort aus geht es weiter, unter anderem nach Deutschland. Nicht selten fliegen sie auch direkt über die Türkei nach Europa und nutzen dabei illegalerweise Papiere von Verwandten, die sich bereits in der Europäischen Union aufhalten. Oft fällt dies wegen des – für Europäer – ähnlichen Aussehens nicht auf. Im Zielland angekommen, wird den Frauen sehr schnell klargemacht, dass sie nicht wie versprochen als Kellnerinnen oder Haushälterinnen arbeiten werden, sondern ihre Schulden für die Schleusung abarbeiten müssen – als Prostituierte. Zuständig für dieses Geschäft ist dann zumeist eine Statthalterin des Menschenhändlerrings. Eine solche ist in Duisburg im Januar 2019 in Duisburg zu fünf Jahren Haft verurteilt worden.

Nach Schätzungen der Sicherheitsbehörden landen 80 Prozent der Frauen, die aus Nigeria nach Europa kommen, in illegalen Bordellen. Die hier erwirtschafteten Gelder werden nach Nigeria transferiert – nicht selten via Hawala-Banking. Es wird teils reinvestiert, um weitere Menschen nach Deutschland zu schleusen.

Ein Fass ohne Boden, denn trotz aller Intensität der Kontrollen durch die Sicherheitsbehörden ist diese Welle nicht zu stoppen. »Die Romantik, armen Menschen aus Kriegsregionen eine neue Zukunft bei uns zu geben, schmilzt langsam dahin«, so ein deutscher Ermittler resigniert. Natürlich gebe es diejenigen, die mit ihren Kindern vor Hungertod, Verfolgung und Terror fliehen und einfach nur in Frieden alt werden wollen – sei es nun aus arabischen oder afrikanischen Ländern. Aber man dürfe nicht die Augen davor verschließen, dass sich auch unzählige zur Kriminalität bereite Menschen unter den Flüchtlingen befinden.

Ein Marinesoldat, der an der Rettungsaktion »Sophia« der deutschen Marine vor der Küste Libyens beteiligt war, berichtet über die zwei Herzen, die in seiner Brust schlagen: »Es war immer ein schönes Gefühl, wenn man die Menschen aus den völlig überfüllten Schlauchbooten gerettet hatte und sie abends auf Deck mit ihren teils sehr kleinen Kindern beim Essen sah, in Sicherheit.« Doch es habe auch jedes Mal einen bitteren Beigeschmack gehabt. »Ich habe mich immer gefragt, wie viele Terroristen ich da möglicherweise an Deck gebracht habe. Und wie viele Kriminelle, die in Europa und auch bei uns in Deutschland Straftaten begehen und Schaden anrichten, vielleicht sogar zu Mördern werden.« Man sehe es den Menschen eben nicht an. Und man verliere eben auch die Objektivität, wenn man die Menschen in den Booten auf den Meeren entdecke.

Auch das Thema Terrorismus darf dabei nicht unbeachtet bleiben. Seit Jahren gibt es Hinweise darauf, dass die Terrormiliz Boko Haram in den organisierten Menschenhandel und in Sexsklaverei verwickelt sein soll. Man darf nicht vergessen, dass diese Gruppierung wie auch arabische Extremisten für die Errichtung eines Gottesstaats kämpfen. Dafür braucht man jede Menge Geld, und diese Vereinigungen scheuen sich nicht, Geld mit Straftaten zu verdienen, die laut Koran verboten sind.

Eines der Probleme der deutschen Behörden mit asylsuchenden Nigerianern ist das gleiche wie vor Jahrzehnten mit den Flüchtlingen aus dem Libanon und seinen Nachbarstaaten: Fast keiner der Asylbewerber hat gültige Papiere bei sich. Selbst wenn der deutsche Staat einen Asylantrag ablehnen will, ist eine Abschiebung kaum möglich. Wohin also mit ihnen? Und mal ganz davon abgesehen: Kriminelle brauchen keinen

Asylstatus, um in Deutschland Straftaten zu begehen – das können sie auch als sogenannte »Geduldete«. Viele von ihnen schaffen es zudem, durch Scheinehen einen legalen Aufenthaltsstatus zu erlangen. Für eine solche Bindung fließt oftmals Geld – Geld aus kriminellen Machenschaften.

Zeit zum Handeln

Die Clan-Problematik, die die Sicherheit unseres Landes beeinträchtigt, kann und darf sich nicht mehr allein auf kriminelle Araber beschränken. Deutschland hat sich durch den Wandel der Welt, durch die Einheit Europas und durch die Flüchtlingswelle, zum Zielgebiet Krimineller aus aller Herren Länder entwickelt. Die Grenzen innerhalb Europas sind offen, es gibt weniger Kontrollen und damit importierte Kriminalität.

Ja, es ist richtig und wichtig, dass sich die zuständigen Behörden in Deutschland darauf verständigt haben, sich den arabischen Clans in den Weg zu stellen, weil das subjektive Sicherheitsgefühl der Bevölkerung langsam, aber stetig schwindet. Doch bei den neu aufkeimenden Banden, wie jenen der Tschetschenen und der Nigerianer, darf nicht der gleiche Fehler gemacht werden wie Mitte der Achtzigerjahre mit den Flüchtlingen aus dem Mittleren Osten.

Es steht nicht zu vermuten, dass sich die kriminellen arabischen Clans von den »Neuankömmlingen« das nehmen lassen, was sie hier in den vergangenen Jahren aufgebaut haben. Sie werden ihr Territorium und ihre Machtbereiche verteidigen – mit Gewalt. Gegen die

Türken, gegen die Tschetschenen, gegen die Nigerianer. All diese Gruppierungen der Organisierten Kriminalität sind auf Profit aus und ignorieren unsere gängige Lebensweise. Sie sind in ihrem Wesen gleich und damit eine Gefahr für Deutschland und den deutschen Rechtsstaat.

»Wir müssen einfach erkennen, dass wir es nicht mehr mit der Kriminalität zu tun haben, die wir von den Siebziger- und Achtzigerjahren beispielsweise aus Hamburg kennen«, so ein Beamter. »Damals galt die Reeperbahn als Hochburg allen Übels. Und wer dort nicht hingegangen ist, war auch nicht in Gefahr.« Die Zuhälter und Geldeintreiber aus diesen Zeiten seien aber eben Deutsche gewesen, die nicht aus Bürgerkriegsländern wie dem Libanon, aus Tschetschenien und Nigeria stammen. Es gab Schlägereien auf der Straße, es wurden auch Waffen wie Messer und Pistolen eingesetzt. Dennoch unterscheiden sich deutsche Kriminelle von solchen, die aus zerrütteten Ländern kommen. Wem als Kind bereits beigebracht wird, bei der Schlachtung eines Tieres zu helfen, oder wer aus einem Bürgerkriegsland stammt und an ethnischen Säuberungen hat teilnehmen oder diese mitansehen müssen, der hat ein anderes Verhältnis zu Gewalt und ein anderes Verständnis davon, wie man seine Ziele einsetzt. Das ist kein Vorwurf, denn niemand sucht sich schließlich aus, wo er geboren wird und wie er aufwächst. Bei der Betrachtung der Lage aber müssen diese Einflüsse mitbedacht werden.

Nach der Einschätzung eines szenekundigen Polizisten wird es in den kommenden Jahren zu schweren Auseinandersetzungen und Feindseligkeiten innerhalb der Organisierten Kriminalität kommen, und das nicht nur auf Berlin bezogen, sondern bundesweit. Von der Wirtschaftskriminalität abgesehen, gebe es nicht allzu viele Betätigungsfelder für Verbrecher. »Es sind immer die gleichen Bereiche: Schutzgeld, Menschenhandel, Waffenhandel, Drogenhandel, Prostitution.« Dieser Kuchen war bislang überwiegend auf dem Teller der arabischen Clans. Jetzt wollen andere etwas davon abhaben und sind bereit, es sich mit Gewalt zu nehmen.

Was genau in den nächsten Jahren geschehen wird, ist nicht klar. Es wäre Spekulation, zu sagen, dass die Nigerianer oder die Tschetschenen das kriminelle Geschäft in Berlin übernehmen werden. Aber was feststeht, ist, dass es neue Konkurrenz gibt: Menschen, die ein Stück von dem Kuchen abhaben wollen und bereit sind, es sich mit Gewalt zu nehmen. Wenn man über die arabischen Clans spricht, muss man also auch von ihren Mitstreitern und Feinden reden – und diese drängen auf das Spielfeld. Den Anfängen dazu muss gewehrt werden, ohne dabei die arabischen Clans aus dem Blick zu verlieren.

Trotz aller Schwierigkeiten hat die Berliner Polizei einen groben Überblick über das Handeln der arabischen Clans. Sie setze szenekundige Beamte ein, die sich in der einschlägigen Szene herumtreiben und mit breiter Brust darauf hinweisen, dass immer noch die Polizei das Sagen habe. Es gibt Polizisten mit Arabischkenntnissen. Sollten beispielsweise die Nigerianer auf das Feld stürmen, müsste die Hauptstadtsicherheitsbehörde wieder nahezu bei null anfangen.

Wollte man die arabischen Clans beraten, so müsste man ihnen sagen, weiterhin und schnellstmöglich das illegal erwirtschaftete Vermögen in legale Geschäfte zu stecken. Denn die Tschetschenen und auch die Nigerianer sind hungrig. Gerade Letztere waren früher weniger machtvoll, weil sie nicht die personellen Ressourcen hatten wie die Araber. Über die Flüchtlingswelle könnten sie jetzt mehr und mehr neue Rekruten bekommen. Der Bundesnachrichtendienst warnt nicht ohne Grund vor dieser Gefahr.

Von diesen Entwicklungen bekommt die Bevölkerung noch nicht allzu viel mit, von den arabischen Clans allerdings mittlerweile schon. Wie zum Beispiel von dem Zwischenfall Mitte Juli 2019 in einem Berliner Gericht, als der 21 Jahre alte Sohn des Clan-Chefs Issa Remmo vom Vorwurf des Mordes freigesprochen wurde. Der Anführer hatte trotz des juristischen Siegs einen Wutanfall bekommen und in Richtung des OK-Staatsanwalts gerufen: »Ich kenne Sie – und alle, die mit euch arbeiten. Ich weiß genau, wer das war. Herr Staatsanwalt, so etwas macht man nicht«, so der Clan-Chef. Diese Aussagen erfüllen nicht den Straftatbestand einer Drohung, aber sie machen deutlich, wie es um den Respekt dem deutschen Rechtssystem gegenüber bestellt ist. »Wer so in aller Öffentlichkeit mit einem ranghohen Juristen spricht, der wird noch skrupelloser mit seinen Kontrahenten der Organisierten Kriminalität umgehen«, ordnet mir gegenüber ein Polizist diese Szene ein.

Zum Hintergrund: Issa Remmos Sohn wurde in der Anklage vorgeworfen, vor zwei Jahren an der Tötung eines 43-Jährigen beteiligt gewesen zu sein. Davon ist die Staatsanwaltschaft weiterhin überzeugt und hat gegen den Freispruch Revision eingelegt, der Bundesgerichtshof ist nun die nächste Instanz dafür. In den Augen vieler Bürger ist jedoch wieder mal ein rechtsstaatliches Verfahren gegen ein Clan-Mitglied mit einem Freispruch zu Ende gegangen. Es bleibt abzuwarten, wie der BGH diese Problematik sieht.

Ein ernüchterndes Fazit

Das Ende eines solchen Buches, eine solche Auflistung von Ereignissen und Versäumnissen der vergangenen Jahre, verlangt nach einem Fazit. Ist der Kampf gegen die Clans und ihre Machenschaften verloren, oder gibt es noch die Chance auf einen – wenn auch späten – Sieg? Ich persönlich muss nach den vorliegenden Informationen, nach den Gesprächen mit Polizisten und Szenekennern leider zu dem Ergebnis kommen, dass zumindest bei den derzeit herrschenden Zuständen die Clans vorne liegen.

Es fehlt nicht an der Motivation der Ermittler oder der Staatsanwälte, sondern es fehlt an Personal und an der effektiven Durchsetzung der bestehenden Gesetze. Dass unsere Gesellschaft ein Problem mit dieser Form der Organisierten Kriminalität bekommen wird, stand schon vor mehr als zwanzig Jahren fest. Und davor wurde gewarnt. Doch aus Gründen der politischen Korrektheit wurde es zum Tabuthema erklärt. Ob seiner Geschichte während des Dritten Reiches waren scharfe Töne in Deutschland, die einen härteren Umgang mit Landesfremden forderten, nicht erwünscht. Schnell wurden die Fordernden in die »rechte« Ecke gestellt. Nun hat Deutschland mit der AfD eine Partei, die sich die Sorgen dieser Menschen auf ihre Fahne geschrieben hat, ohne auf andere und ebenfalls wichtige Fragen Antworten parat zu haben. Und doch laufen den beiden bürgerlichen Parteien die Wähler weg. Jetzt plötzlich sollen auch diese Themen bearbeitet werden, weil Machtverlust droht.

Doch die Bestandsaufnahme ist niederschmetternd. Keineswegs finden sich in den Reihen der Clans nur ungebildete Menschen, die in ihrer Heimat mit dem Hüten von Ziegen beschäftigt waren. Sicherlich haben viele von ihnen keine umfassende Schulausbildung genossen, aber selbst die Ungebildeten haben ihre Rolle innerhalb der Familie und werden von den Gebildeten, den Schlauen und Cleveren mitgezogen und beraten und betreut. Diese Gruppen haben einen elementaren Vorteil: Sie halten innerhalb der Familie fest zusammen.

Durch illegale Geschäfte wurden Millionen erwirtschaftet, und diese Gelder wurden in legale Unternehmen gesteckt. Wer soll da noch durchblicken, wenn Juristen nicht die Geldwege nachvollziehen dürfen. Geld ist vorhanden bei den Clans, und so beschäftigen sie nicht den Hinterhofanwalt aus dem Problemkiez, sondern die besten Kanzleien, die erfahrungsgemäß gute Urteile für sie herausholen. Einen Päderasten zu verteidigen ist nicht gesellschaftsfähig. Einen Clan-Chef dagegen schon. Denn die Familien sind bereits so sehr in ebendiese Gesellschaft eingedrungen, dass sie nicht mehr wegzudenken sind.

Gerade Berlin hat eine derart zusammengesparte Polizei, die trotz Engagement nicht mehr hinterherkommt und bei großen Lagen wie Staatsbesuchen oder den Mai-Krawallen Unterstützung bei Nachbarbundesländern erbitten muss. Wäre das große Thema, der internationale Terrorismus, nicht auf den Plan getreten, wäre die Polizei in der Hauptstadt vielleicht gerade noch so in der Lage, die Sache zu stemmen. Doch bei der allgegenwärtigen Angst vor einer neuerlichen Attacke durch Terroristen bleibt der Polizei nichts anderes übrig, als die Schwerpunkte anders zu setzen. Wenn die für Observationen geschulten Beamten des Mobilen Einsatzkommandos einen stadtbekannten Verbrecher in Hinblick auf einen geplanten großen Drogendeal nicht mehr überwachen können, weil sie einen islamistischen Gefährder beobachten müssen, wie er zur Moschee läuft und darin für fünf Stunden verschwindet, spielt das der Organisierten Kriminalität in die Karten. Die Angst der Menschen vor Terror ist ihr bester Verbündeter beim Umsetzen ihrer kriminellen Energie.

Deutschland ist in Afghanistan aktiv, im Irak, im Libanon, in Mali. Und damit ist Deutschland ins Visier der Extremisten geraten. Trotz aller Hoffnung und aller Gebete, da sind sich nahezu alle – Behörden wie Bürger – einig, wird es auch in Deutschland wieder zu einer terroristischen Attacke kommen. Das hat der Anschlag auf den Weihnachtsmarkt am Breitscheidplatz im Herzen Berlins gezeigt. Und Anis Amri hat mit einfachsten Mitteln getötet – mit einem Lkw.

Die Menschen schreien nach Sicherheit, fordern Schutz durch die Polizei und die Sicherheitsbehörden. Die Bevölkerung ist verunsichert. Kein Wunder, denn Deutschland gerät aus den Fugen. Die Gewaltbereitschaft an den Schulen nimmt zu. Während sich Berlin dafür lobt, mit seinem Konzept die jährlichen Krawalle am 1. Mai mehr und mehr unter Kontrolle zu bekommen, haben beim G-20-Gipfel in Hamburg linke Extremisten aus dem In- und Ausland Teile der Hansestadt verwüstet. Die GSG 9 musste eingesetzt werden, um die Unterkünfte und Veranstaltungsorte der führenden Politiker aus aller Herren Länder zu schützen. Und der Bürger auf der Straße fragt sich: »Was ist hier eigentlich los?« Wie Hohn hört es sich dann geradezu an, wenn gewisse Politiker die Notwendigkeit des deutschen Inlandsgeheimdienstes – dem Verfassungsschutz – infrage stellen. Wer, wenn nicht dieser Nachrichtendienst, könnte die Informationen zusammentragen, die einen geplanten Terroranschlag verhindern?

Der Beruf des Polizisten ist nicht mehr attraktiv, schon gar nicht in Berlin: schlechtere Bezahlung als in anderen Bundesländern, schwindender Respekt in der Bevölkerung, Überstunden ohne Ende. Die Anforderungen werden immer weiter aufgeweicht, um die Reihen der Hauptstadtpolizei wieder zu füllen. Groß ausgesiebt wird kaum noch. Deutschkenntnisse sollen während der Ausbildung vermittelt werden. Und bei der Polizei geht die Angst davor um, dass die Clans versuchen könnten, bisher unbescholtene Mitglieder ihrer Familien vermehrt in den Staatsdienst zu bekommen. Denn das bedeutet Zugriff auf die Polizeicomputer, auf die Erkenntnisse der Ermittler, auf das taktische Vorgehen.

Vorfälle an der Polizeischule der Hauptstadt, bei denen Anwärter mit Migrationshintergrund durch schlechtes Benehmen und mangelnden Respekt gerade weiblichen Polizeischülern gegenüber aufgefallen sind, wurden vom Präsidium der Polizei während Sitzungen im Innenausschuss heruntergespielt. Wieder wurde die übliche Keule der politischen Korrektheit geschwungen. Und eine Unterwanderung gebe es gleich gar nicht. Polizeibeamte berichten allerdings hinter vorgehaltener Hand, dass sich bereits 33 Personen aus dem Clan-Milieu im Dienst der Hauptstadtsicherheitsbehörde befinden sollen. Nicht jeder, der den Familiennamen eines Clans trägt, ist ein Krimineller. Aber Vorsicht ist geboten.

Vorsicht würde damit beginnen, den Beruf des Polizisten wieder attraktiv zu machen, um eine größere Vielfalt von Bewerbern zu bekommen. Ranghohe Offiziere der Bundeswehr berichten indes: Auch dort wird beobachtet, dass sich junge Männer mit Migrationshintergrund in diesen Dienst einzuschleichen versuchen. Die Gründe sind klar – man bekommt kostenlos eine professionelle Ausbildung zum Soldaten an der Waffe. Und das ganz legal, nicht heimlich im Jemen oder in Afghanistan, wo der Aspirant unter Beobachtung der internationalen Geheimdienste steht.

Angst ist der beste und treueste Komplize der Clan-Kriminalität. Viele Polizisten fürchten sich vor kriminellen Clan-Mitgliedern. Es ist riskant, mit nur einem Kollegen zu einer Schlägerei unter Migranten nach Neukölln zu fahren. Es ist stets ein Stoßgebet, dass hoffentlich schnell Kollegen hinzukommen, die bei der Bewältigung der Situation unterstützen. Immer wieder werden die Beamten angegriffen. Daher ist es geradezu ein Wunder, dass noch kein überforderter Polizist die Waffe gezogen und geschossen hat, um sein Leben und das seiner Kollegen zu verteidigen. Denn sie alle wissen und fürchten, was dann in der Folge auf sie zukommen würde: Ermittlungen, Befragungen durch Kollegen, Statements von Politikern, die der Staatsmacht übertriebene Härte vorwerfen.

Wie gesagt agieren Clans im Vergleich zu den anderen Mafiastrukturen nach dem Prinzip der Einschüchterung. Und es funktioniert: beim Sozialamt ebenso wie beim Ordnungsamt. Selbst die Retter der Feuerwehr haben ein mulmiges Gefühl, wenn sie als Einsatzort die Adresse eines Clan-Mitglieds bekommen, weil es immer zu Unruhen kommen kann. Beispielhaft dafür ist ein Fall im Berliner Stadtteil Neukölln, bei dem ein herzkrankes Oberhaupt einer Großfamilie einen Herzanfall erlitt und starb. Der Mann war tot, für ihn konnte nichts mehr getan werden. Doch die aufgeheizte Familie bedrängte die Retter, nicht mit der Reanimation aufzuhören. Die Feuerwehrmänner wussten, dass sie in Gefahr waren. Schließlich musste die Bereitschaftspolizei kommen und für Sicherheit sorgen.

Wie aber soll sich ein Feuerwehrmann fühlen, der sich ob schlechter Bezahlung keine Wohnung in einem guten Bezirk leisten kann und abends auf den Straßen beim Einkauf oder an der Hantelbank im Fitnessstudio später auf Angehörige des Mannes trifft, den »er hat sterben« lassen? Die Angst ist da. Das Vertrauen in die Behörden, in den vom Bürger bezahlten Rechtsstaat schwindet mehr und mehr. Auch dann, wenn im Fernsehen Bilder zu sehen sind, auf denen Großfamilien anlässlich einer Hochzeit unter Missachtung sämtlicher Verkehrsregeln im Konvoi durch die Stadt fahren und für ein Chaos sorgen oder einfach mal eine ganze Autobahn lahmlegen, auf der Fahrbahn tanzen und aus Freude sogar Pistolenschüsse in die Luft abgeben. Ein paar Polizisten stehen daneben, die bis zum Eintreffen massiver Unterstützungskräfte nur versuchen können, den Verkehr zu regeln und Unfälle mit Unbeteiligten zu verhindern.

Wer als naiver Bürger durch Neukölln fährt, kann es mit der Angst zu tun bekommen. Denn dort herrschen eigene Gesetze, und der Staat hat zu lange zugeschaut. Clan-Aktivität und islamistischer Extremismus verschmelzen miteinander. Man darf diese beiden Kriminalitätsfelder meiner Meinung nach nicht mehr getrennt voneinander betrachten. Die mutmaßlichen Terroristen lenken den Fokus der Behörden auf sich und binden damit die Einsatzkräfte der Polizei. Dadurch können die Großfamilien entspannter ihren Geschäfte nachgehen. Und es ist nicht ausgeschlossen, dass dafür der »Heilige Krieg« finanziell unterstützt wird. Denn – das belegt die Beerdigung des erschossenen Intensivtäters Nidal R. – es zeigten sich Angehörige beider dieser Seiten auf der Beerdigung. Das haben szenekundige Beamte der Berliner Polizei beobachtet und zu Protokoll gebracht. Beide Lager lassen in einem Punkt keinen Widerspruch zu – es gibt keinen Gott außer Allah!

In Dänemark beispielsweise ist es verboten, eine andere Flagge außer der dänischen zu hissen. In Deutschland dürfen Menschen aus anderen Kulturen unsere Religion als nichtig bezeichnen. Polizisten müssen Veranstaltungen wie die Beerdigung von Nidal R. sichern und werden beim Zugriff von Straftätern als Nazis und Faschisten bezeichnet. Und der Bürger auf der Straße fragt sich erneut: »Was ist hier eigentlich los?«

Was ist also zu tun? Es ist leicht gesagt, aber deswegen nicht weniger richtig: Der Staat muss die Rangordnung wiederherstellen. Er muss sich wieder so aufstellen, dass die Kriminellen nicht lachen, wenn die Polizei kommt, sondern dass sie sich fürchten. Die Staatsgewalt muss konsequenter eingreifen können, notfalls auch hart und mit Gewalt, wenn es eine eskalierende Situation erfordert, und sich nicht zurückziehen. In der Serie *4 Blocks* sagt eines der Familienoberhäupter sinngemäß, dass in Berlin jetzt Arabisch gesprochen werde. Und auch wenn das nur eine Fernsehserie ist, so ist sie doch sehr nah an der Realität. Daher könnten leichte Gemüter diesen Satz als Kampfansage verstehen. Die Antwort des Staats muss sein, dass es genau andersherum ist. Die Gesetze müssen dahingehend verändert werden, dass die Staatsanwälte bei ihren Ermittlungen die Chance haben, die Geldflüsse der Verdächtigen zu überprüfen. Vermögen tatsächlich beschlagnahmen zu können. Denn die von den Behörden verbreitete Meldung, dass 77 Objekte der Familie Remmo beschlagnahmt wurden, bedeutete rechtlich nur, dass diese Objekte nicht veräußert werden dürfen. Sie gehören weiterhin den Beschuldigten.

Die Clans müssen geärgert werden. Sie müssen wissen, dass ihr teurer Wagen eiskalt abgeschleppt wird, wenn er in dritter Reihe parkt. Sie müssen wissen, dass die Frauen und Männer des Ordnungsamts keine Angst haben, dies anzuordnen, weil notfalls schnell die Polizei bereitsteht.

Viele der Kriminellen haben Messer bei sich. Es darf gesellschaftlich nicht mehr lapidar gesagt werden, »der hatte ja nur ein Messer«, wenn ein Angreifer, wie bereits geschehen, von der Polizei erschossen wurde. Ein Messer ist eine tödliche Waffe, deshalb muss ein generelles Messerverbot her. Dann kann die Polizei bei jeder Kontrolle von diesen Kriminellen und im Falle der Sicherstellung einer Klinge sofort ein Strafermittlungsverfahren einleiten, welches juristische Folgen haben würde.

Es muss politischer Druck, auch in Zusammenarbeit mit den deutschen Nachbarländern, auf den Libanon ausgeübt werden, damit dieser mit unseren Sicherheitsbehörden kooperiert. Bislang ist es schon ein Zugeständnis, wenn Beirut auf eine Anfrage überhaupt antwortet.

Und auch innerhalb der Gesellschaft, gerade bei den Jugendlichen, muss dafür gesorgt werden, dass es nicht »cool« ist, Gangster zu sein. Staatliche Zensur von Rappern und anderen Künstlern darf nicht das breite Schwert sein, aber bei den öffentlichen Diskussionen muss es Gegenargumente geben. Den Heranwachsenden müssen Werte vermittelt werden, nämlich die Würde des anderen und dessen Unversehrtheit. Doch wie soll eine Lehrerin das stemmen, wenn sie vor einer Schulklasse mit einem Ausländeranteil von 90 Prozent steht und ihr niemand zuhört und draußen am Schultor Sicherheitsdienste die Kinder nach Waffen durchsuchen müssen?

Es muss in der Gesellschaft mehr anerkannt werden, was Männer wie Carsten Stahl zu ihrer Berufung gemacht haben. Warum bekommt so jemand nicht ein Bundesverdienstkreuz? Einer, der aus seiner Vergangenheit keinen Hehl macht und auch seine Tätowierungen nicht versteckt. Eine laute Stimme und eine feste Meinung hat, aber gerade deshalb Einfluss auf die Kinder und Jugendlichen. Weil sie ihn ernst nehmen und wissen, dass dieser Mann weiß, wovon er spricht. Rapper Bushido hatte dagegen einen medial begleiteten Besuch im Bundestag. Ein falsches Signal.

Es gibt Aussteiger aus der Szene. Damit ist jetzt nicht unbedingt die eigentliche Clan-Szene allein gemeint. Aber Männer mit Migrationshintergrund, die früher in Straßengangs aktiv waren, Menschen verprügelt und ausgeraubt haben und mehr, aber später zu der Erkenntnis kamen, dass dieser Weg falsch ist. Sie versuchen, über den Sport an die Schwellentäter heranzukommen. Solche Menschen gehören in die Expertenrunden der Sicherheitsbehörden, weil sie wissen, was in den Köpfen der künftigen potenziellen Täter vorgeht. Weil sie es selbst im Kopf hatten.

Solche Leute gehören in die Talkshows, wenn sich beispielsweise Rapper Bushido wegen seines Integrationspreises rechtfertigen muss. Keine Politiker, sondern Menschen, die tatsächlich seine Sprache sprechen. Und ja, man muss auch öffentlich Texte diskutieren dürfen. Denn gerade Bushido bietet eine offene Flanke. In dem Stück »Leben und Tod des Kenneth Glöckler« attackiert er einen anderen Musiker, weil er sich von Arafat Abou-Chaker abgewandt hat. Weil er ein Informant sei, der ohne Polizeischutz in Gefahr wäre und deshalb keine Freiheit mehr habe. Nun hat Bushido selbst einen Konflikt mit seinem einst besten Freund und Clan-Anführer, steht unter Polizeischutz. Der Bruch des Rappers mit dem berüchtigten Clan-Anführer sollte wenigstens ein Beleg dafür sein, dass nicht alles richtig ist, was in den Videos zelebriert wird.

Einem Polizisten zufolge könnte gerade jemand wie Bushido ungeheuer viel erreichen. Wenn jemand, den viele Jugendliche anhimmeln, musikalisch eine inhaltliche Kehrtwendung machen würde, wäre viel gewonnen: »Ein Video, in dem er sich von seinen alten Werten lossagt und wie Carsten Stahl Gewalt und kriminelle Energie anprangert, dann würde ich ihm persönlich den Preis für Integration überreichen.« Man stelle sich vor, der Rapper würde auch für das Gute aktiv werden, eine Organisation gründen. »Wenn Bushido sich ein paar gute und anständige Männer aus dem Kiez holen würde, die den Jungs auf der Straße Gewalt anbieten, aber das im Ring oder auf der Matte, und das unter Aufsicht und nach sportlichen Regeln, dann wäre das schon mal ein Anfang.« Man müsse den perspektivlosen Heranwachsenden die Hände reichen – und zwar Hände, die sich früher selbst schmutzig gemacht haben. Denn nur das sei glaubhaft.

Doch der Nährboden für die Clans ist reichhaltig. Deutschland nimmt immer mehr Flüchtlinge auf, von denen einige neue Soldaten und Handlanger der kriminellen Clans werden könnten. Wieder perspektivlose Jugendliche, die das Gefühl haben und vermittelt bekommen, dass sie hier niemand haben will. Die oft aus der Armut kommen und von den kriminellen Organisationen suggeriert bekommen, dass sie durch das Arbeiten in diesen Strukturen auf die Beine kommen. Vielleicht auch mal einen AMG fahren und eine Rolex tragen. Das Marketingkonzept der Clans ist besser. Ihre Pressearbeit vor Ort an den Flüchtlingsheimen auch, wenn Familienangehörige dort mit teuren Luxusautos vorfahren und auf Seelenfang gehen.

Das Phänomen Clan-Kriminalität aus Sicht der Strafverfolger. Ein Nachwort vom Berliner Oberstaatsanwalt Sjors Kamstra

Clan-Kriminalität ist zurzeit »en vogue«, medienpräsent und weit oben auf der politischen Agenda der Sicherheitspolitik. Nun ist sie aber gar kein neues Phänomen – ich bin als Staatsanwalt beruflich schon seit etwa 2008 damit befasst.

Was also führt zu diesem aktuellen Hype? Für mediale und politische Aufmerksamkeit sorgen die Clans durch ihr Auftreten und ihre Straftaten. Sie bedienen im Grunde genau die Klischees, die ihnen anhaften – protzige Uhren, auffällige Goldketten, teure Autos und ein großspuriges und respektloses Auftreten, das vor allem zeigen soll: »Schaut her, wir machen, was wir wollen. Der Staat kann uns nichts.«

Anders als andere organisiert-kriminelle Gruppierungen, die bevorzugt im Verborgenen agieren, entsprechen die von Clan-Kriminellen begangenen Straftaten ihrem Habitus: Sie finden in der Öffentlichkeit statt, sind spektakulär, laut und dreist – und nicht selten lohnend. Man überfällt am helllichten Tag ein Pokerturnier im Grand-Hyatt-Hotel, sprengt eine Sparkassenfiliale in Mariendorf in die Luft, nachdem man zuvor im Tresorraum 332 Schließfächer geknackt und circa 10 Millionen Euro Beute gemacht hat, oder dringt schwer bewaffnet ins Kaufhaus des Westens ein und zertrümmert vor laufenden Überwachungskameras die Schmuckvitrinen. Angehörige krimineller Clans stehen auch im Verdacht, eine der größten Goldmünzen der Welt, den circa 100 Kilo schweren »Big Maple Leaf« mit einem Materialwert von circa 3,75 Millionen Euro, gestohlen zu haben und an der an eine Hinrichtung erinnernden Erschießung einer Szenegröße auf dem Tempelhofer Feld beteiligt gewesen zu sein. Diese Liste ließe sich nahezu beliebig fortsetzen.

Im unmittelbaren Kontakt mit Polizei und Justiz findet das offen respektlose und bedrohliche Verhalten seine Fortsetzung. Die polizeiliche Überprüfung der von Clan-Angehörigen geführten Luxusfahrzeuge zur Ahndung einer Verkehrsordnungswidrigkeit in Neukölln-Süd führt mittlerweile regelmäßig zur sogenannten »Rudelbildung«: Ein Telefonat – und die Funkstreife sieht sich in kürzester Zeit von einer Menge wenig polizeifreundlicher Personen umgeben, die lautstark und bedrohlich ihre Abneigung gegen jedwede Staatsmacht äußern und manchmal auch vor Tätlichkeiten nicht (mehr) zurückschrecken.

Ein paar weitere aktuelle Beispiele:
- Bei der Durchsuchung von Wohnungen der Clans werden die eingesetzten Polizisten regelmäßig beschimpft und bespuckt – sogar von Frauen und Minderjährigen.
- Vor einem Strafprozess gegen Angehörige eines Clans im Kriminalgericht Moabit wurden missliebige Journalisten unmittelbar vor dem Sitzungssaal von Freunden und Verwandten der Angeklagten mit Wasser überschüttet.
- Unbekannte Täter drangen in das Sicherstellungs-

gelände der Polizei ein und schäumten dort sichergestellte Autos von Clan-Angehörigen mit Hartschaum aus, um Beweismittel wie Fingerabdrücke und DNA-Spuren zu vernichten. Auch diese Liste ist nicht abschließend.

Es folgt das scheinbar immer gleiche Szenario bei der polizeilichen und juristischen Arbeit: Trotz vorhandener Videoaufzeichnungen, trotz Hinterlassen von Trümmerfeldern, trotz einer Vielzahl von Zeugen, die eigentlich eine zügige Aufklärung der Taten nahelegen, dauern die Ermittlungen und insbesondere die nachfolgenden Prozesse endlos lange. Zeugen erinnern sich plötzlich nicht mehr oder widerrufen ursprüngliche belastende Aussagen. Die Tatbeute ist und bleibt regelmäßig verschwunden – der Ausgang mancher Gerichtsverhandlungen scheint zu bestätigen, dass der Staat den Kampf gegen die Clan-Kriminalität nicht gewinnen kann.

Dass Clan-Kriminalität verstärkt in den politischen Fokus gelangt ist, verwundert angesichts der aktuell zunehmenden Schlagzahl schwerer Straftaten nicht: Irgendwann ist der Bogen überspannt, irgendwann merkt auch die Politik, dass Reden nicht mehr reicht, sondern Handeln gefragt ist. Dieser Punkt ist möglicherweise jetzt erreicht.

Was aber steckt eigentlich hinter dem Begriff »Clan-Kriminalität«? Damit wird schlagwortartig ein vielschichtiges gesellschaftliches und gesellschaftspolitisches Problemfeld bezeichnet, das weit über Strafverfolgung hinausgeht. Als Staatsanwalt bin ich beruflich seit Jahren mit der Verfolgung Organisierter Kriminalität und damit auch mit der Verfolgung von Straftaten von Angehörigen arabischer Großfamilien befasst. Zu den vielfältigen weiteren Fragen im Zusammenhang mit arabischen Großclans habe ich daher zwar eine gesellschaftspolitische Meinung, aber nicht das erforderliche Fachwissen, sodass ich es bevorzuge, das mir vertraute Terrain nicht zu verlassen. Dies vorangestellt, möchte ich in der hier gebotenen Kürze darzulegen versuchen, wie sich das Phänomen der Clan-Kriminalität aus der Sicht der Strafverfolger darstellt und wo die Probleme bei strafrechtlichen Ermittlungen gegen Clan-Kriminelle liegen.

Unter der Bezeichnung »arabische Großfamilien« oder arabische Clans werden nach unserem Verständnis Familienverbände mit libanesischer bzw. palästinensischer Abstammung oder mit einem arabisch-kurdischen Hintergrund und einer Vielzahl von Familienangehörigen verstanden. In Berlin dürften ungefähr 20 bis 25 solcher Familien existieren, die vorwiegend in den Stadtteilen Neukölln, Kreuzberg, Schöneberg, Moabit und Wedding wohnen. Von diesen Familien sind nach derzeitigen Erkenntnissen etwa 8 kriminell auffällig.

Innerhalb der Organisierten Kriminalität – hier namentlich im organisierten Rauschgifthandel, der Gewalt- und Bandenkriminalität, der sogenannten Rotlichtkriminalität (also Prostitution) und der Einbruchskriminalität – spielen objektiv gesehen ausschließlich die männlichen Mitglieder dieser Großfamilien eine erhebliche Rolle. Daneben bewirken ihr eingangs beschriebenes protziges Auftreten, die Begehung dreistester Taten gerne auch vor laufenden Überwachungskameras, das Austragen ihrer gewalttätigen und nicht selten bewaffneten Streitigkeiten in aller Öffentlichkeit und die Vermittlung einer Aura, dass ihnen der Staat nichts anhaben könne, eine massive Beeinträchtigung des objektiven und subjektiven Sicherheitsgefühls der Bevölkerung.

Die Angehörigen dieser von mir gemeinten Großfamilien pflegen nach außen einen als luxuriös zu bezeichnenden Lebensstil – teure Uhren, Fahrzeuge der Luxusklasse, Besuch kostspieliger Lokalitäten, Mandatierung teurer Verteidiger –, verfügen aber offiziell zumeist über kein eigenes nennenswertes legales Einkommen, sodass davon auszugehen ist, dass sie in erheblichem Umfang über illegal angehäuftes Vermögen verfügen müssen.

Doch die Ermittlungen in diesem Kriminalitätsbereich sind sehr aufwendig, weil die »klassischen« Ermittlungsmethoden wie etwa Zeugenbefragungen oder kurzfristige Observationen nicht greifen.

Aufgrund der finanziellen Potenz der Clans und ihres Gewaltpotenzials sind sie in der Lage, nahezu jeden Zeugen zu manipulieren, sei es durch Bezahlung, sei es durch Drohung oder körperliche Übergriffe. Mittlerweile müssen wir feststellen, dass die Opfer krimineller Clans zuweilen Mühe haben, anwaltlichen Beistand zu finden, weil einige Anwälte aus Angst um ihre eigene Person derartige Mandate ablehnen. Allein der Name mancher Clans reicht heute bereits vielfach aus, um Zeugen zum Verstummen zu bringen oder in Erinnerungslücken zu treiben.

Zudem müssen wir die Existenz einer sogenannten Paralleljustiz konstatieren, mit der die Clans Konflikte untereinander nach ganz eigenen Regeln außerhalb des staatlichen Rechts und unter Missachtung des Gewaltmonopols des Staates gleichsam »familienintern« durch die jeweiligen Familienoberhäupter regeln – es muss nicht extra betont werden, dass hierbei das Recht des Mächtigsten und Stärksten gilt. Nach unseren Erfahrungen beinhalten derartige Einigungen immer auch eine Torpedierung des geltenden Straf- und Strafprozessrechts. Regelmäßig gehört nämlich zu einer Einigung die Relativierung oder Rücknahme belastender Aussagen, sodass ein Strafprozess und damit unser Justizsystem am Ende ins Leere laufen. Die Einschleusung verdeckter Ermittler ist wegen der familiären Abschottung der Clans nachgerade ausgeschlossen; man bleibt unter sich.

Wegen der Schwäche der klassischen Ermittlungsmethoden müssen sich die Ermittlungen daher darauf konzentrieren, unbeeinflussbare Beweismittel zu finden, was regelmäßig nur durch hohen personellen und technischen Aufwand möglich ist.

Verfahren im Bereich der Organisierten Kriminalität werden bereits heute vielfach mit monatelangen verdeckten Maßnahmen – Telefonüberwachungen, Observationen – geführt, aus denen sich solche Beweise gewinnen lassen. Allerdings bemerken wir Staatsanwälte zunehmend personelle und sachliche Ressourcendefizite, insbesondere bei der Verfügbarkeit geschulter Observationsteams, bei der Auswertung sichergestellter Handys und Computer und bei der Auswertung von DNA-Spuren.

Wie Sie meinen bisherigen Ausführungen entnehmen können, machen uns kriminelle arabische Clans also durchaus Probleme bei der Strafverfolgung. Was mich zurzeit aber ganz erheblich »nervt«, um es einmal neudeutsch zu formulieren, ist der medienmäßig zunehmend verbreitete Eindruck, der Staat könne der offen zur Schau gestellten Respektlosigkeit krimineller Clan-Mitglieder nichts entgegensetzen und wäre hilflos. Wie verschiedene Urteile und Festnahmen in der jüngeren Vergangenheit und insbesondere die Sicherstellung von 77 mit mutmaßlich inkriminiertem Geld von einem Clan erworbene Immobilien zeigen, ist dies schon objektiv falsch, und wir täten gut daran, diesem Eindruck den Boden zu entziehen.

Ich möchte es einmal so formulieren: Clan-Kriminalität ist nicht das erste kriminelle Problemfeld, für das wir Lösungen finden müssen. Und auch wenn die aktuellen politischen Initiativen dies zu vermitteln scheinen: Wir fangen nicht bei null an. Gestatten Sie mir in diesem Zusammenhang eine grundsätzliche Äußerung: *Strafverfolgung ist eine reaktive Sache.* Wir Ermittler reagieren auf begangene Straftaten, müssen uns insoweit permanent auf neues Täterverhalten einstellen und lernen jeden Tag dazu. Die Ursachenforschung und -bekämpfung bestimmter Kriminalitätsformen und die Entwicklung präventiver Strategien zur Verhinderung von Kriminalität sind dagegen nicht unsere eigentliche »Spielwiese«. Natürlich benennen wir die Schwierigkeiten, die wir bei der Strafverfolgung haben, und wir sagen, welche Instrumentarien uns gegebenenfalls helfen würden. Ungeachtet personeller und technischer Engpässe, die die Strafverfolgung erschweren und die weder Polizei noch Staatsanwaltschaft zu verantworten haben, ist es in erster Linie Sache der Politik, den strafprozessualen Werkzeugkasten zu füllen und uns geeignete Ermittlungsmethoden an die Hand zu geben – und damit tun sich die politisch Verantwortlichen traditionell schwer.

Es dauert mitunter Jahre, bis wir die Frage des Einsatzes eines Tasers oder der Installation von Überwachungskameras politisch geklärt haben. Es hat Jahre gedauert, bis wir das nunmehr geltende neue Vermögensabschöpfungsrecht (Einziehung kriminell erworbenen Vermögens) einsetzen konnten, das aktuell die erwähnte Beschlagnahme von 77 Immobilien ermöglichte. Auch weil neue und weitergehende Ermittlungsbefugnisse regelmäßig mit der Einschränkung von Persönlichkeitsrechten Dritter einhergehen, ist es Aufgabe der Politik, im Einzelfall zu entscheiden, ob sie eine bessere Strafverfolgung unter Inkaufnahme solcher Einschränkungen für sinnvoll und geboten erachtet oder nicht. Es ist aber auch Sache der Politik, ihre Entscheidung für oder wider neue Ermittlungsmethoden der Bevölkerung zu erklären. Und anders als die kriminelle Seite fühlen wir Ermittler uns an Recht und Gesetz gebunden und arbeiten nur mit dem, was uns der Gesetzgeber zur Verfügung stellt.

Wie können wir die Clan-Kriminalität strategisch zu bekämpfen versuchen? Ich möchte abschließend ein paar Worte zu dieser Frage verlieren, wobei ich um Verständnis bitte, dass ich ermittlungsstrategische Überlegungen nicht dezidiert ausbreiten kann und will. Aber doch so viel: Ähnlich wie bei der im Ergebnis durchaus erfolgreichen Bekämpfung der Rockerkriminalität in Berlin haben sich Polizei und Staatsanwaltschaft auf eine sogenannte Null-Toleranz-Linie und – flankierend – auf eine Nadelstichstrategie verständigt.

Sichtbarer Ausfluss dieser gemeinsamen Bekämpfungsstrategie ist zunächst die Einrichtung einer gemeinsamen Taskforce, die eine Bündelung aller verfügbaren Informationen auf polizeilicher und staatsanwaltschaftlicher Seite, aber auch eine deutlich verbesserte Vernetzung mit anderen betroffenen Behörden – Jugendämter, Finanzbehörden, Schulen, Ausländerbehörde et cetera – sicherstellt. In diesem Kontext ist auch die Figur des »Staatsanwalts vor Ort« zu sehen, den wir als Pilotprojekt in Neukölln einsetzen und der dort als unmittelbarer Ansprechpartner für alle bezirklichen Stellen zur Verfügung steht.

Bei der Staatsanwaltschaft werden wir zunehmend verstärkt bemüht sein, Verfahren gegen Clan-Kriminelle personenbezogen in den drei Spezialabteilungen zur Bekämpfung Organisierter Kriminalität zu platzieren. Zudem werden wir – hier insbesondere die Polizei – versuchen, die Clans durch permanente Kontrollen in Unruhe zu versetzen. Wir arbeiten dabei mit allen denkbaren Verwaltungsbehörden zusammen und kontrollieren bei jeder sich bietenden Gelegenheit ihre Autos, machen Personenkontrollen bei Hochzeiten und Veranstaltungen und überprüfen bau- und feuerschutzrechtliche Genehmigungen sowie die Einhaltung lebensmittelhygienischer Standards in ihren Lokalen und Gaststätten. Und wir ahnden konsequent jedes nachweisbare Fehlverhalten. Gerade mit dieser Nadelstichpolitik wird für Dritte sichtbar dem Eindruck entgegengewirkt, wir ließen die Clans tun und lassen, was sie wollen.

Die angestrebte und teilweise bereits umgesetzte verbesserte Vernetzung mit anderen Behörden ermöglicht gegebenenfalls auch eine sehr schnelle Beteiligung der Staatsanwaltschaft und die sofortige Umsetzung prozessualer Maßnahmen, falls sich bei diesen Kontrollen Hinweise auf Straftaten – Waffen, Rauschgift et cetera – ergeben. Ich kann mir an dieser Stelle allerdings einen Seitenhieb in Richtung Datenschutz nicht verkneifen, der jedenfalls teilweise einen umfassenderen Austausch von Daten und Informationen konterkariert. Uns Staatsanwälte interessiert beispielsweise durchaus, an welchen Firmen und Unternehmungen die von uns verfolgten Beschuldigten beteiligt sind, um festzustellen, wo sie möglicherweise ihr kriminell erwirtschaftetes Vermögen investiert haben. Die Finanzbehörden könnten uns hierbei helfen, aber das Steuergeheimnis macht auch vor der Staatsanwaltschaft nicht halt …

Ich glaube, ich gehe nicht zu weit, wenn ich behaupte, dass die kriminelle Strategie der Clans – ähnlich wie bei der klassischen Mafia und ungeachtet ihres kulturellen und ethnischen Hintergrunds – darauf abzielt, durch scheinbare Integration jedenfalls in wirtschaftliche Strukturen ein möglichst großes kriminelles Vermögen zu erwirtschaften. Hier liegt sozusagen ihr krimineller Lebensnerv. Bei der Bekämpfung der Kriminalität arabischer Großfamilien sind daher ein rein kernstrafrechtlicher Ansatz und eine Null-Toleranz-Strategie nicht ausreichend. Wesentliches strategisches Ziel muss vielmehr die Abschöpfung des kriminell erwirtschafteten Vermögens sein – und das erfordert über eine bloße Null-Toleranz-Strategie hinaus dezidierte zeit- und arbeitsaufwendige Vermögensermittlungen, eventuell auch im Ausland.

Ich glaube, die medienbekannte Beschlagnahme von 77 in Clan-Besitz befindlichen Immobilien zeigt, dass man uns insoweit nicht lange bitten muss, wenn wir entsprechende gesetzliche Grundlagen haben. Ich möchte in diesem Zusammenhang aber vor überzogenen Erwartungen warnen: Das neue Vermögenseinziehungsgesetz bedeutet noch keine Beweislastumkehr und ist eine gänzlich neue gesetzliche Regelung, zu der es noch keinerlei Rechtsprechung gibt. Natürlich haben wir unser Vorgehen genau geprüft, der Sicherstellung gingen jahrelange Ermittlungen zur Abklärung der Immobilien voraus, aber wir beackern rechtliches Neuland. Am Ende werden – wie immer – die Gerichte entscheiden müssen.

Es gibt einiges, was ich mir an Entwicklungen gerade auch mit Blick auf Bekämpfung der Clan-Kriminalität vorstellen könnte und wünschen würde.

• *Maßnahmen zum Zeugenschutz und zur gerichtsverwertbaren Konservierung mutmaßlich wahrer Aussagen.*

Wir beobachten beispielsweise, dass Menschen, die von Gewaltdelikten durch Clan-Kriminelle betroffen sind, gerade unmittelbar nach der Tat unter dem Eindruck des Tatgeschehens unbeeinflusste und ungeschützte Aussagen machen, auch zu dem oder den Tätern. Wir beobachten aber zugleich, dass schon wenige Stunden nach der Tat Einigungsgespräche geführt werden, die die ursprünglich vorhandene Aussagebereitschaft schlagartig beenden.

Deshalb sollte über die erste polizeiliche Vernehmung hinaus eine schnelle richterliche Vernehmung erfolgen. Dann stünde der vernehmende Ermittlungsrichter wenigstens als sogenannter Zeuge vom Hörensagen zur Verfügung, wenn der eigentliche Tatzeuge plötzlich unter Amnesie leidet.

Da sich unsere kriminelle Klientel nicht an Dienstzeiten hält, setzt dies aber voraus, dass eine solche Vernehmung gegebenenfalls auch nachts stattfinden müsste. Noch besser wäre eine Videovernehmung, die die erste Aussage in authentischer Weise festhält: Man kann hören und sehen, was gesagt und wie es gesagt wurde. Ausreden des manipulierten Zeugen, er sei falsch verstanden worden oder habe bestimmte Angaben gar nicht gemacht, würde damit der Boden entzogen. Auch der spätere, nicht seltene Vorwurf der Clan-Mitglieder und ihrer Verteidiger, man habe den Zeugen in unzulässiger Weise vernommen, kann damit leicht widerlegt werden.

- *Ausweitung der akustischen Wohnraumüberwachung*

Diese Form der Überwachung ist nach der aktuellen Gesetzeslage nur unter ganz engen Voraussetzungen zulässig. Wir wissen aber, dass Täterkommunikation vielfach im Auto oder in der Shisha-Bar erfolgt, und würden diese naturgemäß gerne verfolgen.

- *Beweislastumkehr bei der Einziehung von Vermögenswerten*

Dies wäre aus meiner Sicht bahnbrechend hilfreich. Denn der – rechtskräftig verurteilte – Kriminelle trüge dann die Beweislast dafür, dass die bei ihm festgestellten Vermögenswerte legal erworben wurden.

Auch diese Liste ist nicht abschließend, aber ein guter Anfang.

Ein letzter Gedanke sei mir abschließend noch gestattet: Die große Schwäche der Null-Toleranz- und jeder anderen strukturellen Ermittlungsstrategie ist der erhebliche Personal- und Arbeitsaufwand, der über einen längeren Zeitraum zu ihrer Sicherstellung erforderlich ist.

Solange das Kriminalitätsphänomen der Clan-Kriminalität »angesagt« ist, können wir, insbesondere die Polizei, sicherlich einen vermehrten Aufwand leisten, der unter anderem erforderlich ist, um die Szene gleichsam an allen Fronten permanent in Unruhe zu halten. Aber wer weiß schon, wo – auch politisch – das nächste Kriminalitätsfeld ausgemacht wird, das einer vorrangigen Bekämpfung bedarf? Ich bin kein Traumtänzer und bin mir durchaus bewusst, dass es außer arabischen Großfamilien noch andere Kriminalitätsfelder gibt, bei denen der Einsatz personeller Ressourcen erforderlich ist und lohnt. Aber dennoch meine ich: Wir müssen bei den kriminellen arabischen Großfamilien endlich verstärkt mobilmachen, bevor sich hier Strukturen weiter verfestigen, die wir dann nicht mehr aufbrechen können. Dabei geht es nicht nur um die bloße Aufklärung von Straftaten. Es geht um die Wirkung des Phänomens Clan-Kriminalität auf die Gesellschaft. Es geht darum, zu zeigen, dass der Staat *keinem* Kriminalitätsphänomen hilflos gegenübersteht, dass er sich wehren kann, dass das Recht des Stärkeren nicht stärker ist als unsere verbriefte Rechtsordnung.

Glossar

Beweislastumkehr
Die deutschen Staatsanwälte und auch verschiedene Politiker fordern seit Langem die sogenannte Beweislastumkehr. Gemeint ist, dass nicht der Staat einem Beschuldigten nachweisen muss, dass sein Geld aus kriminellen Machenschaften stammt, sondern dass dieser belegen muss, woher sein Vermögen kommt. Dieses Prinzip würde es den Ermittlungsbehörden erheblich erleichtern, der Organisierten Kriminalität beizukommen.

Friedensrichter
Als solche werden Persönlichkeiten aus dem muslimischen Kulturkreis bezeichnet, die im Fall eines Konflikts zwischen Familien gleicher Kulturzugehörigkeit angefordert werden. Sie vermitteln und handeln einen für beide Seiten akzeptablen Kompromiss aus. Diese Männer sind keine Juristen und arbeiten am deutschen Strafrecht vorbei. Für die Beilegung einer Fehde erhalten die »Friedensrichter« eine finanzielle Zuwendung. Diese orientiert sich Gerüchten zufolge prozentual an der Summe, die für die Niederlegung eines Streits vereinbart wurde.

Hawala-Finanzsystem

Diese Form der Geldkorrespondenz umgeht das deutsche Finanzwesen. Es läuft wie folgt ab: Wenn jemand einen Geldbetrag an einen Gläubiger im Ausland übermitteln und nachvollziehbare Überweisungen vermeiden will, wendet er sich an einen Vertrauensmann des Hawala. Diesem übergibt er die zu zahlende Summe bar, und dieser übernimmt dann über Mittelsmänner die Auszahlungen in dem entsprechenden Land. Dafür wird eine gewisse Kommissionssumme erhoben, die laut verschiedener Quellen zwischen 0,25 bis 1,25 Prozent der zu zahlenden Summe beträgt. Hawala entstand im frühen Mittelalter im Vorderen und Mittleren Orient. Behörden vermuten, dass auch viele arabische Clans dieses Finanzsystem nutzen, um Geld am deutschen Staat vorbei zu transferieren.

Keeas

2017 hat das Landeskriminalamt Nordrhein-Westfalen das Projekt »Keeas« ins Leben gerufen, um die zunehmende Clan-Kriminalität zu bekämpfen. »Keeas« steht für »Kriminalitäts- und Einsatzbrennpunkte geprägt durch ethnisch abgeschottete Subkulturen«. Die in diesem Bereich tätigen Beamten haben den Auftrag, wissenschaftlich Erkenntnisse aus laufenden Ermittlungsverfahren zusammenzutragen und auszuwerten. Zudem sollen sie beleuchten, welcher Zweig einer ins Fadenkreuz geratenen Großfamilie kriminell ist und welche Mitglieder mit diesen Machenschaften nichts zu tun haben. Ihre Ergebnisse sollen Grundlage eines Präventiv-Konzepts werden.

MEK – Mobiles Einsatzkommando

Die Beamten dieser Spezialeinheit sind geschulte Experten der Observation und der verdeckten Aufklärung. In der Regel werden sie damit beauftragt, das Agieren und die Handlungen von Beschuldigten zu beobachten sowie Personen aus deren Umfeld zu beschatten, um das SEK für den finalen Zugriff an die Zielperson heranführen. Diese Beamten genießen ebenso wie die SEK-Beamten den Identitätsschutz. Sie sind zudem dafür ausgebildet, im Notfall einen Zugriff selbst durchzuführen. Regelmäßig absolvieren MEK-Beamte, in deren Reihen sich auch Frauen befinden, Praktika bei ihren Kollegen des SEK. Das Motto: Mut zur Hässlichkeit. Denn die Polizisten müssen sich für ihre Arbeit immer wieder neue Verkleidungen ausdenken, um nicht aufzufallen.

Mhallami

Die Mhallami sind arabischsprechende Volksgruppen im Libanon und der Türkei. Dort werden sie als Araber bezeichnet, in der Stadt Beirut nennt man sie Kurden. Diese Bezeichnung findet auch in Deutschland Anwendung. Hier spricht man von libanesischen Kurden.

Organisierte Kriminalität

Organisierte Kriminalität, kurz OK, bedeutet, dass nicht ein Einzelner allein und unstrukturiert Straftaten begeht und für den Eigenbedarf Einbrüche oder Raubüberfälle durchführt, sondern dass dies nach einer von einer Gruppe ausgehenden Strategie geschieht. Zu OK-Delikten gehören organisierter Drogen-, Waffen- und Menschenhandel. Aber auch geplante und organisierte

Diebstähle hochwertiger Fahrzeuge und Einbrüche in Villengegenden sowie der Handel mit geschmuggelten Zigaretten und gefälschten Uhren oder anderer Luxusartikel gehören dazu.

SEK – Spezialeinsatzkommando

Die Geiselnahme israelischer Sportler während der Olympischen Spiele in München 1972 führte den deutschen Sicherheitsbehörden vor Augen, dass die Bundesrepublik zu diesem Zeitpunkt über keine Spezialeinheit verfügte, die sich solchen Lagen entgegenstellen könnte. Als Reaktion wurde der Bundesgrenzschutzoffizier Ulrich K. Wegener damit beauftragt, eine solche ins Leben zu rufen. Daraus resultierte die legendäre und bundesweit agierende GSG 9. Zeitgleich wurde für jedes Bundesland ein Spezialeinsatzkommando gegründet, das in puncto Fähigkeit der GSG 9 gleichwertig ist. Während die GSG 9 ihre anstehenden Einsätze zumeist planen kann, müssen die Elite-Polizisten der SEKs regelmäßig unvorbereitet Geiselnahmen beenden oder Kriminelle festnehmen. Sie alle sind für die Bekämpfung der Schwerstkriminalität zuständig, arbeiten und trainieren gemeinsam. Sobald in einem Ermittlungskomplex bekannt wird, dass Waffen im Spiel sind, wird das SEK angefordert. Bei einem Verfahren des Bundeskriminalamts die GSG 9.